偶発購買デザイン

「SNSで衝動買い」は設計できる

宮前政志 松岡康 関智一 編著

宣伝会議

偶発購買デザイン

「SNSで衝動買い」は設計できる

はじめに

　2001 年に電通に入社して以来、イノベーションのジレンマを抱える数多くの企業のマーケティング活動を支援してきた。VOD（動画配信サービス）により客足が遠のいたレンタルビデオチェーン。スマートフォンによって存在意義が見いだせなくなったデジタルカメラ。フリマアプリの登場で仕入れすらままならなくなった古書販売店。フィンテックの革新で店舗業務が重荷に変わった金融業態。数を挙げればきりがない。イノベーションをもたらしてきたのは、デジタル化という変化の大波だ。

　それは大波すぎるがゆえに、真剣に取り組んできたその道のプロであるほど、何が起きているのか気がつかない。経験依存バイアス、専門知識の罠、固定観念の呪縛。私も広告業界で TV 広告からデジタルマーケティングへの変化を経験してきた。そして真剣に取り組んできたからこそ、私自身、その変化の本質をずっと見抜くことができずにいた。そのことに気がついた時、目から鱗が落ちるどころか、全身から鱗が落ちるほどの衝撃を受けた。この衝撃を正しく言語化して伝えなければならないという強い使命感が、本書を書く強い動機となった。

　マーケティングの方法論が時代によって変わっても、企業のマーケティング目標はいつも同じだ。それは企業や事業を大きくしたいということだ。TVCM でマスプロダクトの商品が飛ぶように売れた時代、ヒットをつくる確率を高めるための「マスマーケティング」の考え方があった。その後、レスポンス広告で新規顧客を獲得し、リピーター化して顧客を増やしていく

「ダイレクトマーケティング」の考え方が登場した。そして大波すぎて実体が見えない「デジタルマーケティング」に飲み込まれた。

　ビッグデータ、パーソナライゼーション、コンテンツマーケティング、インフルエンサー、バイラル、ファンマーケティング、ソーシャルリスニング…次々に登場するトレンドの波。SNS上の発話量を増やしたい。コミュニケーションのDX（デジタルトランスフォーメーション）を進めたい。自社のファンと長い関係を築くべく、囲い込みたい。こうした依頼を一つひとつ真剣に受け止めようとするほど、その本質に辿り着くことが難しくなってしまうのだ。

　スマートフォンやSNSの普及で新しい買われ方が確実に起きている、そのことは誰でも実感できるだろう。例えば、インフルエンサーの一度の投稿によって瞬時に商品が完売したり、SNS上で思わぬ取り上げられ方をしてトレンド入りした商品の生産が間に合わなくなったり。こうした消費行動メカニズムを説明する新しいマーケティング理論は数多の書籍で語られてきた。しかしそれらはデジタルマーケティングで起きている一部の現象を説明しているものばかりで、俯瞰して理論的に説明したものがなく、ずっとモヤモヤしていた。

　顧客によって消費行動パターンが異なり複雑化しすぎたために、全体を捉えて体系化することが極めて難しくなったのだとどこかで諦めてしまってきた。しかしこの複雑すぎる主題は、とてもシンプルに本質を考えることで解決する。こうしたデジタル上で起こる事象を成功させる鍵は、たったひとつのことに集約される。すべては「偶発起点」から生まれているということだ。

> 近所を散歩中、グルメの知人がおいしいというイタリアンを偶然発見、家族で行くことが決まった。確かにおいしいと実感し、別の友人に推奨した。

たったこれだけの購買プロセスが「偶発起点」で起こる衝動買いの正体だ。この本の主題である偶発起点の購買づくりの概念を「SEAMS® モデル」として提唱して以来、多くのクライアントから共感・感謝の声をいただいてきた。今では「SNSで衝動買い」は設計できる、そう確信している。

本書は5章で構成され、各章で新しい概念を提唱している。

第1章では「情報検索から情報回遊へ」の潮流を説明している。「偶発購買」に気づくことで、対立する「計画購買」への理解がさらに深まる。

第2章では「パブリック情報からプライベート情報へ」の潮流を扱う。SNS上で発信される個人価値観ベースの「プライベート情報」の影響が強まる時代に、ユーザー自身が生み出すブランドイメージ「ユーザーブランド」の重要性を意識できるようになるはずだ。

第3章では「ソーシャルステータス」の台頭について触れた。インフルエンサーよりも、コミュニティ内にトレンドを発信する「ハイセンサー」が重要であり、コミュニティ単位で起こる消費メカニズムに基づいたプランニングのポイントがわかるようになっている。

第4章では、衝動買い時代の顧客育成の変化を説明した。一部の耐久消費財でも購買が繰り返されるとわかり、偶発起点のコミュニティ消費で顧客育成を図る「偶発購買デザイン」と重

視すべき5つのKPI指標「IDEAS」を提示した。

　第5章では、第2章で説明した「プライベート情報」を起点とした情報価値設計について説明した。プロダクトやサービスの外見で引きつけた後に「文脈萌え」で広がる偶発購買設計フレームワーク「CRISP」によって、偶発購買起点のヒット商品の確率は高まるだろう。

　さらに各章末のコラムでは、広告販促領域以外でも起きている偶発起点の事象を、各領域の専門家が解説している。

　本書はマーケティング経験の長い人からこれからマーケティングに携わる人まで幅広く役に立つ基本的な理論をまとめており、以下のような方のために書いた。

✓ マーケティングに真剣に取り組んできたが、近年の複雑化にどう対応すればいいか自信が持てない人
✓ マーケティング経験が浅く、何から手をつけていいかわからない人
✓ 実務でデジタルマーケティングに従事する機会が多い人
✓ 副業などでデジタル上で商品を売り始め、これからヒット商品を生み出したい人
✓ SNSで自分の活動や考えを情報発信して共感を集めたい人
✓ デジタル化により激しく変化する世の中の本質を掴みたい人

　固定観念の呪縛から解放されて全身の鱗が落ちる感覚を、私こそ最強のドラゴンマーケターと自認している人にも是非体感していただき、これからのマーケティングを一緒に共創してほしいと願う次第だ。

　最後に、本書で重視したことは、新しいマーケティング概念

の解説や成功事例の紹介ではない。マーケティングの現場で責任を背負う読者の皆さんと、ヒット商品を生み出すための新大陸発見の喜びを共有すると共に、それが実践できる、いつでも使える教本にすることだ。そのために、読者特典として本書で紹介したフレームワークを活用できるパワーポイントシートも用意している。本書が日々の実践に活かされ、ビジネスの実践知が磨かれることで、ヒット商品が生まれ、ビジネスの成長に貢献できることを切に願う。

著者を代表して　宮前政志

第**3**章
ソーシャルステータス時代の
コミュニティ消費スイッチ

第 1 章

情報回遊時代の
偶発購買モデルSEAMS

1 「情報回遊時代」検索から回遊へ

　何か新しいことに向き合うたびに、真の課題は何か考え抜き、その先で本質に辿り着く。そんな本質探しをずっと続けている。この章で解き明かしたいのは、新しい買物行動の本質である。たとえ AI が登場しても、変わらない人の買物行動の本質。時代を超えて有効なのは、「目的の有無」という視点での行動分類だ。

　あなたは普段どのくらい目的を持った行動をしているだろう。何も考えずに行動する時間が案外長いのではないだろうか。人の行動は「目的の有る行動」と「目的の無い行動」の2つに大別することができる。

　例えば、ネット上の行動は明確な目的の有る「情報検索」と、明確な目的は無く無意識で行う「情報回遊」に分類できる。ある特定の目的情報をサーチする情報検索と何となく無意識でネット上をサーフする情報回遊だ。サーフとは、ネットやSNS 上で何となく新しいことや楽しいことはないか求め、サーフィンするように自在に回遊する行動だ。この2つがネット行動の大部分を占めていると考えている。

　2021 年、総務省が毎年行うメディア接触行動の調査（情報通信メディアの利用時間と情報行動に関する調査）でネット利用時間が TV 視聴時間を逆転した。その本質的な理由を「目的の有無」の視点から説明すると次のように考えることができる。

　TV 視聴行動には、目的の有る TV 視聴行動と目的の無い TV 視聴行動が存在する。あらかじめその番組を見たいと認識して TV を見るのが、目的の有る TV 視聴行動だ。朝や昼など

同じ時間にルーティン的に見ている番組や、人気ドラマ、スポーツの試合中継などのコンテンツ視聴が該当するだろう。一方、とりあえず TV をつけてから見たい番組を探すのが目的の無い TV 視聴行動だ。特に見たい番組はなくても、適当にチャンネルをザッピングし、面白そうな番組を探すこともあるだろう。

　ネット利用が TV 視聴を超えた理由は、自由時間を消費する「無目的行動」の変化に答えがある。目的の無い TV ザッピング視聴行動が、無目的でスマホに触れるネット利用「情報回遊」にシフトしただけである。TV からネットに無目的の行動習慣が変化しても、人の行動の本質は変わらない。無目的行動の原動力は、新しいことや楽しいことの探求だ。人は何か新しいことや楽しいことを求め、無意識に習慣化した行動をしているのだ。ちょっとしたスキマ時間の暇つぶし目的で、こうした行動を取ることもあるだろう。

　アメリカの調査会社 Dscout によれば、1 日にスマホに触れる頻度は平均 2,600 回。どんな TV 好きでもリモコンに 1 日 2,600 回も触れることはなかっただろう。無意識に行われるスマホの中毒性の高さが改めて実感できる。無目的の行動習慣の入り口はリモコンからスマホにシフトした。スマホ普及は人の行動習慣を変えたが、人の行動原理の本質は変わらない。多くの場合において何となく、無意識に、習慣的に SNS を立ち上げている。

　スマホゲームやニュース閲読も無意識習慣で行うケースでは情報回遊といえるだろう。1 日平均 2,600 タッチのスマホの異常な中毒性。その行動が占める時間は当然増加しているはずだ。無目的の行動時間が増え、有目的の行動時間が減る。そんな事態が起きている。

　私たちが行った 1 日当たりのスマホやタブレット端末での

図1-1 【情報回遊時代】検索から回遊へ

【インターネット上の行動】を「 サーチ（有目的の検索） 」と「 サーフ（無目的の回遊） 」に大別した場合、
個人全体ではサーチ対サーフ比率は1：1、
若年層中心にサーフ比率が高まり、**女性10代**ではサーフはサーチの**約2倍**に

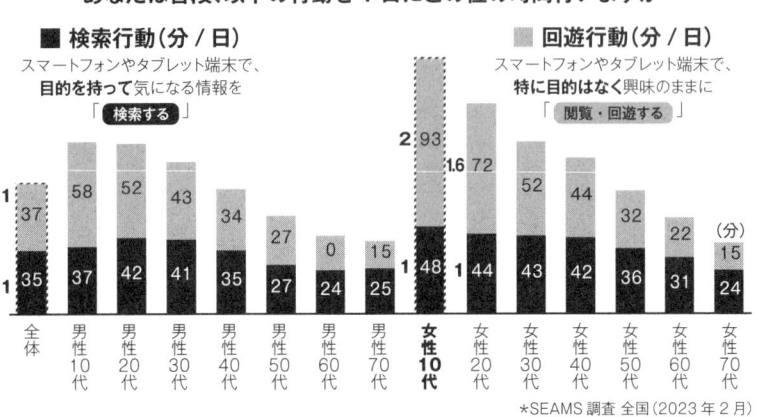

あなたは普段、以下の行動を 1 日にどの位の時間行いますか

■ **検索行動（分／日）**
スマートフォンやタブレット端末で、
目的を持って気になる情報を
「 検索する 」

■ **回遊行動（分／日）**
スマートフォンやタブレット端末で、
特に目的はなく興味のままに
「 閲覧・回遊する 」

	全体	男性10代	男性20代	男性30代	男性40代	男性50代	男性60代	男性70代	女性10代	女性20代	女性30代	女性40代	女性50代	女性60代	女性70代
回遊	37	58	52	43	34	27	0	15	2:93 / 1.6:72	72	52	44	32	22	15
検索	35	37	42	41	35	27	24	25	48	44	43	42	36	31	24

*SEAMS 調査 全国（2023 年 2 月）

行動時間の調査では、全体で目的の無い情報回遊は 37 分、目的の有る情報検索は 35 分であった（**図 1-1**）。10 代女性では約 2 倍差で情報回遊が情報検索を量的に凌駕していることが判明した。検索から回遊へ。まさに「情報回遊時代」の到来である。情報回遊時代に、人はどのように買物するのだろう。まずはこの魅力的なテーマに向き合うべく、買物の本質探しの旅に出かけよう。

2 | 「計画購買」と「偶発購買」

　ネット上の2つの行動「情報検索」「情報回遊」についてさらに深めていく。情報検索の代表的なサービスといえばGoogleであるが、Google上級副社長のプラバカール・ラガヴァン氏は、FORTUNE Brainstorm Tech 2022のカンファレンスで次のように語っている。「Google内部調査によれば、若い人たちのほぼ40％はランチの場所を探す時、Google Mapsや検索ではなく、TikTokかInstagramに行く。これはランチの場所に限ったことではなく、全般的に若い人たちは何かを検索したり発見したりする際に、文字よりも視覚的にリッチなフォーマットに興味を持つ」。

　何かを発見するという行為は知らない情報（商品）に遭遇することから起きる。ここで着目したいのは、商品への興味が発生している順序である。情報検索は「興味→検索」の順であるのに対し、情報回遊は「回遊→遭遇（発見）→興味」であり、順序が逆転しているのだ。

　この興味発生の順序から、購買行動を2つに整理する。ある商品への興味があらかじめ発生、理解を深める時間があり、十分知った状態で、計画的に行う買物。これを「計画購買」と定義する。一方、ある商品への興味が発生しておらず、理解を深める時間もなく、全く知らない状態から、商品と遭遇していきなり強い興味が発生、非計画的に行う買物。これを「偶発購買」と定義する。

　計画購買と偶発購買は、商品への興味を持つ前段階として、買うつもりがあったかどうか（購入意向の有無）が異なる。情報

検索が起点の計画購買は、目的の商品に対して正しい情報をより早く、より安く探す。「気になるから検索する」、興味から生じるサーチ型計画購買だ。一方、情報回遊が起点の偶発購買は、特定の商品を目的にせず新しいことや楽しいことを求めて回遊する。「不意に出会って好きになる」、発見から生じるサーフ型偶発購買だ。

3 「計画購買」型パーチェスモデル AIDMA／AISAS

　情報回遊時代の偶発購買行動モデルを考える前に、従来の情報検索起点の計画購買行動モデルを振り返る。

　ネットが登場する以前の1920年代にアメリカのサミュエル・ローランド・ホール氏が提唱した購買行動モデル **AIDMA**。マーケティングの教科書で最初に学ぶ代表的な購買行動モデルだ。[**認知 Attention**] → [**興味 Interest**] → [**欲求 Desire**] → [**記憶 Memory**] → [**行動＝購買 Action**] の順で、購入に至るプロセスを説明したものだ。

　TVCM から生まれたマスプロダクトのヒット商品が飛ぶように売れた時代、ヒットをつくる確率を高めるために「マスマーケティング」の考え方が普及した。購買行動モデル AIDMA はマスマーケティングを説明する代表的な購買行動モデルといえるだろう。

　これに対し、インターネット時代の消費行動モデルとしてネット普及後に生まれた購買行動モデルのひとつが **AISAS** だ。[**認知 Attention**] → [**興味 Interest**] → [**検索 Search**] → [**行動＝購買 Action**] → [**共有 Share**] というプロセスが示され

ている。こちらはレスポンス広告で獲得した新規顧客のなるべく多くをリピーター化し、定期顧客数を純増していく「ダイレクトマーケティング」の考え方をうまく説明できる。

AIDMA からの主な変化は、[検索] により商品に関する情報取得がしやすくなった点と、商品購入後に自発的に体験・感想が [共有] されるようになった点だ。インターネットが普及したことで、情報の送り手と受け手の関係は変化した。これまで情報の送り手はメディアが担い、多数の受け手に「一対多」で一方通行にコミュニケーションが行われてきた。ネット普及で消費者が情報の送り手として参加できる手段が生まれ、コミュニケーションは双方向に変化した。消費者が情報コンテンツを生成する CGM（コンシューマージェネレイテッドメディア）や、ブログや SNS に自発的に投稿するアクティブコンシューマーが出現したのである。こうした「第三者（ユーザー）からの声」を参考にして購買選択の判断を行うようになった。

この 2 つの購買行動モデルの共通点は、A（知っている）そして、I（気になる）の AI 構造で始まる点だ。まず商品の認知を獲得し「誰でも知っている」状態をつくり、その先に興味を持った状態、つまり「よく知っているから気になる」AI 構造をつくる。

計画購買を起こすには、TVCM などを起点に商品の認知を獲得し興味をつくり、AI 構造を入り口に、商品を購入したいという意向を持って売り場へ来る人を増やしていく。繰り返し買われる商品であれば、その先に同カテゴリ内で最も頻度高く最多購買してくれるロイヤル顧客を増やしていくことが計画購買の目的といえよう。

買物行動は実店舗での買物（フィジカル）と E コマースでの買物（デジタル）でも区分できるが、ネット以前に生まれた

AIDMA は実店舗中心の「フィジカル計画購買」モデルといえる。AI（よく知っているから気になって）、D（欲しくなり）、店頭で商品を見て M（記憶が想起され）、A（購買行動する）という体験だ。

　AIDMA は店頭に並ぶ商品を見てブランドの記憶が想起される＝店頭想起が重要視されるので、ブランド認知を高めることで、ブランドの純粋想起率や助成想起率を高めようとする。TVCM はそのために適した手段として活用されてきた。AIDMA は、TV →店頭横断のフィジカル計画購買モデルといえるだろう。

　一方、ネット普及後に生まれた AISAS は、E コマース中心のデジタル計画購買モデルといえる。AI（よく知っているから気になって）、S（検索し）、A（購買行動）、S（体験や感想を共有する）という体験だ。AISAS は、興味を持った商品名の指名検索をつくることが重要視される。そして、TVCM は指名検索量を上げるのに最も適した手段として使われる。AISAS は、TV → EC 横断のデジタル計画購買モデルといえるだろう。

　AIDMA や AISAS に数の概念を掛け合わせ、ファネル構造で表現したのがパーチェスモデルである。計画購買型パーチェスモデルにおける成功のポイントは、トップファネルで AI 構造をつくり、ブランド想起・ブランド指名を増やしていくことだ。TVCM 中心の広告コミュニケーション起点で、誰でも知っているから気になる「みんなの人気者」をつくる。これが計画購買における成功の肝といえるだろう。

4 「偶発購買」型 パーチェスモデル SEAMS®

次に、情報回遊時代の偶発購買行動モデルを考えていきたい。ここで私たちが提唱するのは、目的の無い回遊時にあらかじめ買うつもりの無かった商品と遭遇し衝動買いする偶発購買モデル「SEAMS®」である。SEAMS は、SNS が情報収集チャネルとして当たり前になっている前提で、実店舗（フィジカル）とEC（デジタル）の両方にあてはまる購買行動モデルである。以下、SEAMS の購買プロセスを順番に説明していく。

回遊 Surf

> **近所を散歩中、グルメの知人がおいしいというイタリアンを偶然発見、家族で行くことが決まった。確かにおいしいと実感し、別の友人に推奨した。**

「はじめに」で、これが偶発購買だと述べた。「近所を散歩中」に当たる行為が「回遊」である。インターネット上で特に目的なしに散歩する行為が、SEAMS の最初の［回遊 Surf］である。インターネットでサイト閲覧しながら、ウェブページのリンクを辿って次々に新しいサイトをサーフィンするように回遊し、情報取得を楽しむこと。いわゆるネットサーフィンと表現されてきたこの行為から、サーフと名づけた。読者の皆さんも、気がついたら膨大な時間を消費していた経験があるのではないだろうか？

現在では、特に目的の無い状態で何となく新しいことや楽し

いことはないか求める回遊行動は、ブラウザ上だけでなくSNSやアプリにまで拡大している。これらネット上での行動全体を［回遊 Surf］と定義した。

　なお、実店舗においても回遊行動は存在する。例えば、次のようなケースが考えられるだろう。毎日定時の18時に会社を出て自宅最寄り駅に19時頃到着、駅から自宅までの途中にあるコンビニに何も考えずに無意識で立ち寄る。帰宅直前に来店することが習慣化しているこのケースは、無目的の来店にあてはまるだろう。特に何を買うかは決めていないが、帰宅途中などの日常生活のリズムの中で何も考えずに立ち寄ることが習慣化しており、無目的で何となく来店すること。他にも友達がやっているフリーマーケットに行く、旅先でアウトレットモールに立ち寄るなど、特に何を買うかは決めずに来店することはある。これらをフィジカル回遊と定義した。回遊にはデジタル回遊とフィジカル回遊が存在する。以降はわかりやすくデジタル回遊を「情報回遊」、フィジカル回遊を「来店回遊」と表現することにしたい。

遭遇 Encounter

　SEAMS の2番目の E は［遭遇 Encounter］である。

> 近所を散歩中、グルメの知人がおいしいというイタリアンを偶然発見、家族で行くことが決まった。確かにおいしいと実感し、別の友人に推奨した。

「グルメの知人がおいしいというイタリアンを偶然発見」に当たる行為が「遭遇」である。英語で「見つける」ことを意味する動詞には、Discover や Encounter がある。Discover は

意図して見つける計画的な行為である。一方、Encounter は意図せずに見つける、偶然発生した偶発的な行為である。SEAMS において何かを発見する行為は、[遭遇 Encounter] である。

　S（回遊）と同様に、E（遭遇）にも「デジタル遭遇」と「フィジカル遭遇」の両方が存在する。情報回遊中に全く知らない商品や気になる投稿と遭遇し、未知の発見に一目惚れして引き寄せられたかのように強い興味を持つこと。これをデジタル遭遇と定義した。前述の通り、若い人を中心に TikTok や Instagram のような視覚的にリッチなフォーマットの SNS を中心に起きている。

　デジタル遭遇は偶発的な遭遇の顔つきをしているが、実は偶然ではなくデータに導かれている。ユーザーの閲覧、検索、フォロー履歴などから、アルゴリズムが偶然を必然に変える。AI（人工知能）などが高い確率で「このユーザーなら好きなはず」と予測した商品との遭遇が、視覚的にリッチに必然性を持って繰り返される。好きにならずにいられない魔法にかけられるのだ。

　一方でフィジカルの遭遇は、来店回遊時に起こる発見である。大きく分けて、「ヒト遭遇」「モノ遭遇」「カネ遭遇」の３つがある。ヒト遭遇は、好きなタレントの店頭 POP や推しグループのコラボコンテンツが当たる懸賞キャンペーンなど、気分が高揚するヒト情報との遭遇だ。モノ遭遇は、目新しい商品や新フレーバー、期間限定パッケージなど、目新しいモノ情報との遭遇だ。カネ遭遇は、普段あまり見られない特別価格や期間限定クーポン、ポイントキャッシュバックなど、お得なカネ情報との遭遇だ。これら３つの遭遇は重複して起こる場合も多い。

　デジタル遭遇とフィジカル遭遇の共通の特徴は、何かの発見に強く魅了されることだ。その意味で、S（回遊）中に E（遭遇）

する SEAMS は、衝動買いといえるだろう。フィジカルとデジタルの衝動買いの共通点と相違点は何か。共通点は、何かに遭遇し、一目で気に入り、その場で購入する体験である点だ。相違点は、その場で買う理由が存在しているか否かという点にある。

　フィジカルにはその場で買う理由が存在する。例えば、海外旅行で訪れた街の雑貨屋さんで起きた衝動買い。一目惚れした雑貨は、その場で買わなければ、その店に戻ってくることは不可能に近い。一期一会な買物体験には、今買わなければ二度と購入するチャンスが巡ってこない、という理由が存在している。あるいは、いつも使っているお気に入りの調味料が、最安値ではないがそれなりに安い値段で販売されているのを見つけた場合。もう少し時間をかけていくつかの店舗を見比べれば、最安値で買えるかもしれないが、見つからずにもう一度この店に戻ってくるのが面倒だ、と感じる。このようにフィジカルの衝動買いには、その店に再来店するための労力や時間的なコストがかかっており、その場で買う理由が存在しているのだ。

　一方でデジタルの衝動買いは、極めて簡単にストアに再来訪することができる。そのため、その場で買う理由が存在しない。衝動買いにおけるこの違いは意識したい。デジタル衝動買いでは、買う理由を設計する必要があるのだ。例えば、この価格で買えるのは今だけという体験設計。再来訪した時には価格が上がってしまっているなら、その場で買うだろう。このように遭遇には、情報回遊中に目新しい商品や気になる投稿を発見して強い興味を持つデジタル遭遇と、来店回遊時に起こるヒト、モノ、カネとのフィジカル遭遇がある。

受容 Accept

　SEAMS の 3 番目の A は［受容 Accept］である。

> **近所を散歩中、グルメの知人がおいしいというイタリアンを偶然発見、家族で行くことが決まった。確かにおいしいと実感し、別の友人に推奨した。**

「家族で行くことが決まった」に当たる行為が「受容」である。S（回遊）や E（遭遇）と同様にデジタル受容とフィジカル受容の両方が存在する。いわずもがな、情報検索の労力は多大だ。どんな商品があるか調べ、欲しいカテゴリでのランキングや新機能がついた商品を知る。効能を理解し、好きなデザインを探す。口コミを読み漁り、最安値を探す。情報検索が起点の購買は、ここまで購入する理由を積み重ねてやっとその商品の受容に至る。

　一方、デジタルの衝動買いはその瞬間で買う十分な理由がないのに、その瞬間で買ってしまう行為である。その瞬間で買うとは、労力をあまりかけずに選ぶということだ。つまり、多大な労力のかかる検索を頼りにしないということになる。偶発的に出会って気に入った商品を、検索ではない、何かを頼りにして買う。では、何を頼りにしているのか。

　人は、毎日 2,600 回スマホに触れて目的の無い情報回遊を繰り返している。膨大な時間の中で色々な人が発信する情報に触れる。その中で自分の琴線に触れる情報に目をとめる。

　勉強情報ならこの人が琴線に触れたであろうし、美容情報ならあの人が琴線に触れたであろうといったデータが蓄積される。情報ジャンルごとに、自分オリジナルの人起点の琴線情報

リストが編纂される。そしていつも琴線に触れる情報を発信する「あの人」の言うことならたぶん間違いないという信頼をベースに、何か新しいものを買う。その際に、情報発信者へのフォローはもはや必須ではなく、目をとめたという事実をもとに、プラットフォーム側で勝手にその情報発信者からの情報をその後も優先的に届ける仕組みになってきている。

　他にも、自分が好きな推しコンテンツのデータが蓄積される。大好きなキャラクターやアイドルのコラボ商品情報に遭遇し、何か新しいものを買う。労力が大きな検索による信頼ではなく、労力のかからない「あの人が語る」人起点の信頼、推しへの愛により商品を買うのだ。

　自分で調べたほうが信頼は大きくリスクは小さいが、時間コストはかかる。特定の人を信頼する買い方は、買物リスクは大きくなるが時間コストはかからない。検索する時間と労力とのトレードオフで多少のリスクを取り、そのリスクを受容して購入する。コスパに優れたファストファッションやプチプラコスメなど、「もはや（コスト面の）リスクがない買物」においては、時間と労力を削減できるメリットしかないといえる。

　AIDMA と AISAS では、購入は［行動 Action］であったが、SEAMS ではこの一連の心の動きを［受容 Accept］とした。これがデジタル受容である。デジタル受容の受容確率を高めるには、その商品の購入に影響力を持つキーパーソンを複数人起用し、人起点の信頼を幅広く用意することが求められる。デジタル広告やハッシュタグつきの PR 投稿でも本当にいいものであれば買うという調査結果もあり、必ずしも人起点だけでデジタル受容が起きるとは限らないが、商品自体を磨きあげて発信内容の魅力そのものを高めることは非常に重要になる。

　一方、店舗での偶発購買におけるフィジカル受容とは何か。

来店回遊時に起こるヒト、モノ、カネとのフィジカル遭遇に対して、この条件ならと受容し、その場で購入すること。これをフィジカル受容とした。フィジカル受容の受容確率を高めるには、ヒト、モノ、カネに好条件を用意することが求められるだろう。

高揚 Motivation

　SEAMS の 4 番目の M は［高揚 Motivation］である。

> 近所を散歩中、グルメの知人がおいしいというイタリアンを偶然発見、家族で行くことが決まった。**確かにおいしいと実感し、別の友人に推奨した。**

「確かにおいしいと実感」に当たる心理変容が「高揚」である。その後「おいしかったことをグルメ知人に連絡」して感謝を示すやりとりを通じて、「近所コミュニティへの帰属意識」が高まり、コミュニティに対する「高揚」も発生する。つまり高揚には、商品やサービスに対する高揚とコミュニティ帰属に対する高揚の 2 つが引き起こす心理的な変化がある。時間コストをかけ、十分比較検討して自分で調べた情報を信頼して買う計画購買は、買物の失敗リスクは最小化される。だがその分、購入前の期待値と商品を使用した実感との乖離は小さくなるので、計画購買は期待値を大幅に超えた感動が起きにくくなる。
　一方、偶発購買はどうか。知る人ぞ知る商品にリスクを冒し、十分比較検討せずにあの人を信頼して偶発購買する。自宅に届いた商品を初めて使う機会が訪れる。あの人を信頼する買い方は、検索する時間・労力の代わりにリスクを受容した購入である。リスクを冒した買物だからこそ、初めて試す時は通常の買

物以上にドキドキする。期待通りもしくは期待以上だったなら、ギャンブルに勝利したかのような高揚を味わうことになる。

　商品を何度か使用するうちに初回時の感動は薄れていくが、代わりに次のような気持ちが湧いてくる。「使うたびに信頼するあの人の体験を自分も共有できている」「知る人ぞ知るブランドの稀少な一員だと感じる」。ここから長く続く持続的な高揚感（エンゲージメントの高まり）に満たされていく。

　他人の選択を信じて購入する偶発購買は、購入後にあたかもブランドをつくっている一員であるかのような帰属意識が発生しやすく、その後の共有や推奨行動につながりやすい。リスク反動による瞬間的高揚と帰属意識による持続的高揚が起きている。

　このように、偶発購買ではリスクを受容し、信頼する人起点だからこその高揚が起こりやすい。

共有 Share

　SEAMS の 5 番目の S は［共有 Share］である。

> 近所を散歩中、グルメの知人がおいしいというイタリアンを偶然発見、家族で行くことが決まった。確かにおいしいと実感し、**別の友人に推奨した**。

「別の友人に推奨した」の行為が「共有」である。共有はフィジカルよりもデジタルのほうが拡散しやすく、デジタルでの共有のポイントは 2 つある。高揚が共有を生むこと、そして情報発信価値の高さだ。

　SNS はいまやセルフブランディングの場になっており、共有する発信情報は当然ながら選別される。自分を魅せることに

つながると感じたものが優先的に共有拡散されるのだ。だから
こそ、リスク反動による瞬間的高揚と帰属意識による持続的高
揚が大事になる。強くて長いモチベーションをつくることが、
ブランドにとって重要なキーアクションになる。リスクをとっ
てギャンブルに勝利した強い高揚がモチベーションとなり、コ
ミュニティに喜びの声を共有する。購買し、使用し続けること
で醸成される帰属意識や湧いてきた愛着（持続的高揚）もまた共
有したくなる。高揚は共有を生むのだ。

　そして、情報発信価値が高い商品とは何か。デジタル上の情
報共有において情報発信価値が高いのは、誰もが知る認知率の
高い商品よりも、知る人ぞ知る商品だ。買うまで自分も知らな
かったことが情報発信価値の高さに変わるのだ。ただ一方で、
デジタル上ではネガティブな共有も起こりやすく、炎上などの
マイナスリスクも大きい点は理解しておきたい。

　フィジカルな実店舗では、自分が知らない商品に遭遇した際
に、自分が信頼する“あの人”の推奨があるわけではないため、
知る人ぞ知る逸品ではなく、誰も知らない胡散臭い商品と認識
しやすい。そのため実店舗における遭遇では、共有が起こりに
くい。そこでは、見た目で購入を判断するケースが多く、購入
後に食べたり使ったりした時の実感と見た目とのギャップが共
有を生むのだ。

偶発購買モデル SEAMS

　このように SEAMS は ［回遊 Surf］ → ［遭遇 Encounter］
→ ［受容 Accept］ → ［高揚 Motivation］ → ［共有 Share］
の購買プロセスを辿る。野球投手のボールの投げ方にツーシー
ムというものがある。ボールが 1 回転する間に縫い目（シーム）
が 2 回通過する投げ方だ。縫い目が少ないとボールの揚力が

図1-2 店頭／スマホ遭遇から生まれる偶発購買モデルSEAMS®

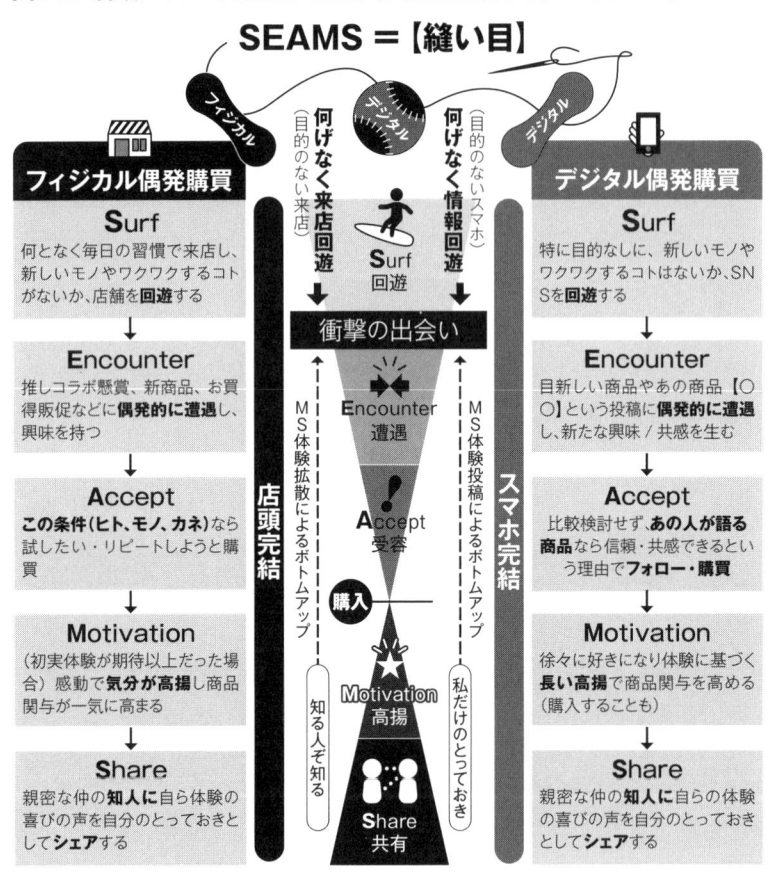

小さく、落下や不規則変化が起こりやすい。このように
SEAMS は英語で縫い目という意味がある。

　回遊や遭遇はフィジカルとデジタルの両方で起きており、密
接な関係を持ってフィジカルとデジタルの体験をシームレスに
縫い合わせた１つのボールが回転するように、回遊→遭遇→
受容→高揚→共有が連続して起こる。そんな体験をイメージし

てSEAMS と命名した。（**図 1-2**）

　ここで、EC で買うデジタル偶発購買と実店舗で買うフィジカル偶発購買の 2 つの SEAMS についておさらいしたい。

　デジタル偶発購買 SEAMS は次の通りである。
[**回遊 Surf**] 特に目的なしに新しいモノやワクワクするコトを求めネット、SNS やコミュニティを回遊する。
[**遭遇 Encounter**] 回遊履歴から高確率で好きになると予測された目新しい商品や気になる投稿と遭遇し、魅了され強い興味を持つ。
[**受容 Accept**] あの人が語る人起点の信頼でブランドを受容して、リスクを冒しその場で購入する。
[**高揚 Motivation**] リスク反動による瞬間的高揚と帰属意識による持続的高揚が起きる。
[**共有 Share**] 知る人ぞ知る情報発信価値の高い商品を購買し、使用し続けることで醸成される帰属意識や湧いてきた愛着を共有したくなる。

　対してフィジカル偶発購買 SEAMS は次の通りだ。
[**回遊 Surf**] 何となく毎日の習慣で来店し、新しいモノやワクワクするコトを求め店舗を回遊する。
[**遭遇 Encounter**] ヒト、モノ、カネ情報に遭遇し、興味を持つ。
[**受容 Accept**] ヒト、モノ、カネ情報の好条件を受容して購入する。
[**高揚 Motivation**][**共有 Share**] 購入後の実食や使用による「実感」と「見た目」とのギャップが高揚と共有を生む。

5 偶発購買における SEO

デジタル計画購買モデル AISAS では、「よく知っているから気になって検索する」Attention → Interest → Search の流れの設計の際に、検索ワードのサイト表示順位を高めることが重要になる。つまり SEO（検索エンジン最適化：Search Engine Optimization）が重要になるのだ。一方でデジタル偶発購買における SEAMS では、「回遊中にある商品に遭遇する」Surf → Encounter の流れで、AI アルゴリズムが自動的に情報回遊・遭遇共に確率を高めている。

［回遊 Surf］においては、過去の閲覧、検索、購買などの行動履歴をもとに、特定カテゴリ情報の海への回遊が自動的に始まる。アルコールを普段飲まない人にはアルコール情報は一切表示されないが、逆にアルコールに興味のある行動をした人には集中的にそのカテゴリ情報が多く当たる。本人は太平洋の大海を情報回遊しているつもりでも、自動的に日本海に、さらに焼酎好きだと瀬戸内海に誘導されているといった具合で、本人が気づくことなく回遊最適化が起きている。

［遭遇 Encounter］においても同様に、本人が好みそうなコンテンツや広告が表示され遭遇が起こる。本人にカスタマイズされたカテゴリ情報内での「回遊最適化 Surf Optimization」と、本人の好みを反映した「遭遇最適化 Encounter Optimization」を合わせた SEO（回遊遭遇最適化：Surf Encounter Optimization）が自動的に起きているのだ。

> 近所を散歩中、グルメの知人がおいしいというイタリアンを偶然発見、家族で行くことが決まった。確かにおいしいと実感し、別の友人に推奨した。

偶発起点の衝動買いは、本人が気づかない状態で「近所を自由に散歩」のつもりが瀬戸内海回遊に誘導され、「イタリアン好き」という事前リサーチから好きな餌と劇的に遭遇させられる養殖業のようなものだ。さらに近所のグルメな知人による「おいしかった」コメントと追撃の遭遇を果たす。気になる口コミに強い興味を引きつけられて、実際に来店して体感する。「確かにおいしかった」という事実は、「知る人ぞ知る私のとっておきの店ができた」という高揚感と「近所グルメコミュニティの一員になった」という帰属意識による2つの高揚を引き起こす。そして思わず「別の友人に推奨」だけでなく「SNS上にも投稿」するのだ。これが偶発購買行動モデル SEAMS のメカニズムだ。

6 4P視点で捉えた 計画購買と偶発購買の違い

ここでは、偶発購買モデル SEAMS をマーケティングの 4P 視点から理解を深めていく。4P は、アメリカのマーケティング学者ジェローム・マッカーシーが 1960 年に提唱。Product（製品）、Place（流通チャネル）、Price（価格）、Promotion（プロモーション）の売り手視点の 4 つの P からマーケティング戦略を考えるフレームワークだ。計画購買と偶発購買の違いを 4P 視点で比較考察することで、SEAMS の特徴がより明確になる。

Product 視点で捉えた計画購買と偶発購買の違い ——————

　計画購買は、商品への興味があらかじめ発生している計画的な買物だ。「よく知っているから気になる」AI 構造をつくるため、TVCM などで興味を喚起する。ターゲットは「みんな」で、マス層向けのプロダクトが中心だ。誰でも一定の満足ができるマスプロダクトは、たくさんの人に使ってもらうため、どんな人が使っても一定の満足が得られる最大公約数的な商品が開発される。結果的に大量に生産され、多くの人に継続的に消費される「大量生産・継続消費型」プロダクトだ。プロダクトの提供価値は、誰でもある程度満足できる最大多数の最適満足な価値である。

　一方、偶発購買は、あらかじめ買うつもりの無い商品に遭遇していきなり興味が生じる偶発的な買物だ。「ほぼ知られていない」が「私だけのとっておき」となった商品は、情報発信価値が高く、SNS などで体験が拡散する。ターゲットは「特定の私」であり、ニッチ層である。そしてマスニッチ層向けプロダクトである、D2C（Direct to Consumer：メーカーやブランドが仲介業者なしに直接消費者に販売する商品）プロダクトが中心だ。特定層以外の人は見向きもしないが、その層にとってはユニークな体験ができ、宝物のようで満足が最大化する最小公倍数的な商品が開発される。結果的に少量生産で、特定の人から熱狂的に消費される「少量生産・熱狂消費型」プロダクトとなる。プロダクトの提供価値は、特定のニッチ層が大満足する少数の最大満足な価値だ。

Place 視点で捉えた計画購買と偶発購買の違い ——————

　計画購買は、マスプロダクトが中心だ。マスプロダクトの流

通チャネルは、フィジカルではコンビニやスーパー、ドラッグストアなど、生活圏でアクセスしやすい場所に多く存在する身近な小売流通が多い。デジタルでは Amazon や楽天などの EC モールや自社 EC だ。つまり、どこでも売っていることが計画購買の特徴である。どこでも手に入るモノを色々なチャネルで売るのだ。

　一方で偶発購買は、マスニッチ、D2C プロダクトが中心だ。これらは発売当初のローンチ期と、もっと顧客を増やしたい拡大期では販売チャネルが変わってくる。特定層から局所的に支持されるマスニッチ、D2C プロダクトは、ローンチ期にフィジカルな実店舗で見つけることは難しい。店舗数が少なくトレンドに敏感な層向けの LOFT や PLAZA のようなバラエティストアから展開されることも多い。E コマースでも、Amazon や楽天ではあえて販売せず、自社 EC のみで売ることも多い。これが偶発購買の流通チャネルの特徴である。

　ある程度成功してブランド成長を図りたい拡大期にはどうなるのか。拡大期には徐々にチャネルを拡大していく。局所的にヒットしたブランドには好条件での販売取り扱いオファーがある。条件の良い小売流通に拡販する場合や、Amazon や楽天に拡販することもあるだろう。自社でしか売っていないことにこだわり、自社店舗のみで拡張していく選択もある。成長に合わせてチャネルを拡大していくのが偶発購買の特徴である。

Price 視点で捉えた計画購買と偶発購買の違い

　計画購買で多くの人に購入してもらうには、その価格が許容できる上限価格内に抑えなければならない。ある程度多くの客に許容してもらえる価格で提供し、多くの顧客から支持を得る。計画購買は新規顧客の獲得を KPI 指標に、顧客の幅を広げる

のだ。

一方、偶発購買がターゲットとする特定の嗜好を持つニッチ層は顧客の数が少ない。そのため、高価格でなければ事業が成立しない。大義溢れるパーパスを持つ商品コンセプトを掲げ、高価格で商品を提供し特定ニッチな顧客から支持を得るのだ。その商品理念や世界観に共鳴した人たちが、商品を繰り返し購入し、自ら推奨してくれる。偶発購買は1人当たりのLTV（Life Time Value：顧客が生涯で購入を続けることでもたらす総利益）をKPI指標に、顧客の奥行を広げる。

Promotion視点で捉えた計画購買と偶発購買の違い ─────

計画購買の特徴は、誰でも知っているどこでも手に入るありふれた価値を、なるべく多くのチャネルで売ることだ。プロモーションで鍵となるのは、広告起点でメジャー感を創出し、みんなの人気者をつくることになる。コミュニケーション起点のブランドづくりを通して、誘導的なブランド選択を狙う。マス層向けの定番づくりといえよう。

一方、偶発購買の特徴は知る人ぞ知る、ここにしかない新価値を売ることだ。それを、限られたチャネルから始めてユーザー拡大に合わせて広げていく。プロモーションで鍵となるのは、人起点で体験や感想などの口コミを創出し、特定のターゲット層やポテンシャルコミュニティの認知を獲得すること。そこから次の体験や感想、推奨のUGC（User Generated Content：ユーザー自身が作成したコンテンツ）を生み出し、「私だけのとっておき」をつくる。人起点のレコメンドづくりを通して、自発的なブランド選択を狙う（ブランド選択の自発性は体験の投稿数や拡散数をKPI指標にマネジメントすればよい）。特定コミュニティの熱狂づくりといえるだろう。

このように計画購買と偶発購買では、マーケティングのゴール像が全く異なる。

　計画購買の目標は、誘導的なブランドづくりによるマス層の定番づくりだ。偶発購買は、ユーザーを主役にした自発的なレコメンドによる特定コミュニティの熱狂づくりだ。

　偶発購買の「知る人ぞ知る、私だけのとっておき」を求める時代のニーズは2017年以降増加している。電通調査（マクロミル社ブランドデータバンクパネル）で「他人が知らなくても、自分がいいと思うものを選びたいと思う」と答えた人は個人全体でこの6年間で34.6％から41.3％に増加。特に女性が伸びており、6年で38.7％から47.6％に増加している。

図1-3 「知る人ぞ知る、私だけのとっておき」を　　　選びたい人が増えている

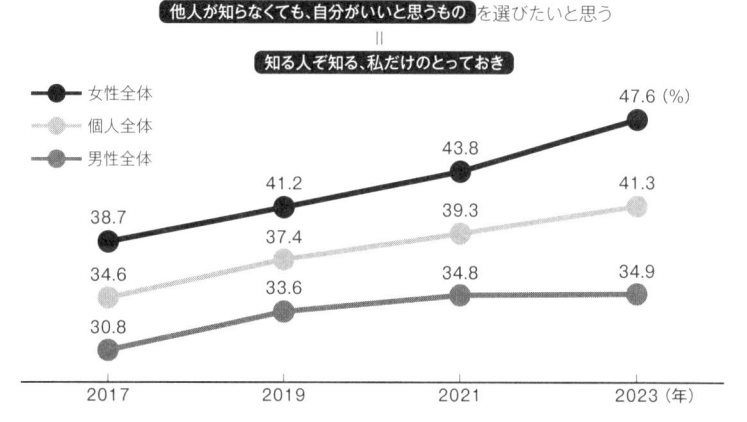

＊電通調査（マクロミル社ブランドデータバンクパネル）

　以下に4P視点から見た計画購買モデルAIDMA ／ AISASと偶発購買モデルSEAMSの特徴の違いをまとめた。

4P 視点から見た計画購買と偶発購買の購買メカニズム

	計画購買	偶発購買
P （プロダクト）	最大多数の最適満足な価値を提供するマスプロダクト中心	小数ニッチの最大満足な価値を提供するマスニッチ・D2C プロダクト中心
P （プレイス）	どこでも手に入るモノをいろんなチャネルで売る	ここにしかないモノを自社チャネルのみで売り、成長に合わせ解放していく
P （プライス）	低価格な商品で顧客の幅を広げ、新規顧客の獲得が KPI	高価格な商品で顧客の奥行を広げ、LTV が KPI
P （プロモーション）	広告起点のメジャー感でみんなの人気者をつくる	人起点の体験や感想の口コミで私だけのとっておきをつくる
目標設定	プロダクトを主役に品質の理解を促進。誘導的にじわじわ深めていくブランドづくり＝マス層の定番づくり	ユーザーを主役に共感を触発拡散。自発的にどんどん広めていくレコメンドづくり＝特定コミュニティの熱狂づくり

7 カテゴリごとに異なる計画購買と偶発購買

　偶発購買をベースとした購買行動モデル SEAMS は、どんな業種やカテゴリであてはまりやすいのか。いくつかのカテゴリを挙げて偶発購買の合致度を分析しつつ、その特性と影響を詳述する。

ファッション・衣類

　偶発購買が当てはまる商材としてパッと思い浮かぶのは、ファッション・衣類カテゴリではないだろうか。ZOZOTOWNや SHEIN といった EC プラットフォームが台頭し、コスパ（コストパフォーマンス）の良い商品が並ぶ中で、自分の感性にピッタリの服に出会って偶発購買する人もまた急増している。

　低価格帯のアイテムは偶発的に購入した際のリスクが少なく、着用して気に入ったり周囲に褒められたりすればヘビーローテーションにつながる。その商品を SNS で共有すれば、コミュニティ内で自分自身の感度の高さを発信するセルフブランディングにもなる。

　ZOZOTOWN や SHEINでは人起点での情報経路を重要視しており、Instagram や TikTok、Pinterest などのビジュアルプラットフォームを通じて、新しいトレンドやアイテムに日常的に触れるターゲットに対して、インフルエンサーなどの「人」を通じたコンテンツを発信し、興味を引いている。

　また、アパレルの店舗スタッフがコーディネートや着こなしのポイントを SNS と自社 EC サイトに投稿し、EC での購入を促すサービス「STATF START」（提供：バニッシュ・スタンダー

ド）の利用が急拡大するなど、ファッション領域で偶発購買を
生む仕掛けは話題に事欠かない。

一方、高額なファッションブランドでもデザイナーの交代な
どをきっかけに大規模なリブランディングを実施することが増
えており、アイコニックなトップモデルの起用が続く。ブラン
ドの刷新においては「リフレッシュ」という言葉も使われ始め
ており、言葉の通りブランドのマイナーチェンジでもモデルや
インフルエンサーの起用がキーとなっている。

電通独自調査によると、ファッションアイテムにおいて「ウェ
ブや SNS を閲覧している中で、全く買う気がなかった商品の
おすすめ情報に偶然出会い、その場で衝動買いをする」購買体
験を、女性ではどの年齢でも 6 ～ 7 割、男性でも 3 ～ 4 割が
している。

昨今の生活者はブランドを認知した後に情報回遊している中
で再度ブランドを目にして購買に至ることが多い。これまで以
上に世界観やパーセプションの一貫性を保ち、ポジティブなイ
メージを形成できるブランドコントロールが求められる。

日用品・食品

日用品や食品は定期的に購入する必要があるため、計画購買
が一般的となっている。しかし、SNS でのライフハック動画
や料理コンテンツ、オンラインでのシズル表現を用いた広告な
ど表現がリッチ化していく中で、これらの発信や投稿を通じて
新商品に出会った場合に、その場で偶発購買するケースも多く
見られる。

実際、TikTok 上の動画内で紹介された商品が多くのユー
ザーへとリーチし爆発的な売上を生み出す「TikTok 売れ」現
象には日用品や食品の例が多い。新しい味や珍しい商品、機能

的で他には無い商品はもちろん、特に日本人においては「限定感」を醸成することが偶発購買につながりやすい。大日本印刷の調査＊によると、スーパーマーケットで食料品・飲料を購入する際、64.7％が「限定品の購入をしたことがある」と答えている。

　期間限定・地域限定・数量限定・チャネル限定など、限定の冠をうまく活用することでコンテンツがつくりやすく、消費者の興味も引きやすい。日用品の計画購買を促しつつ、偶発購買で「これも買う」「とりあえず買ってみる」を生むことでクロスセルにつながり、ブランドの売上全体を伸ばすことにつながる。

＊Discover DNP 編集部「独自調査で市場を分析：日本人は限定品がお好き？」（2020.7.21）

家電製品・インテリア

　QOL（クオリティ・オブ・ライフ）を高めるこれらの商品は、高額であるがゆえに購入までの検討期間が長く、偶発購買は少ないようにも思える。しかし電通独自調査からは、30 代女性の 33.3％が同カテゴリにおいて偶発購買を経験した実態が明らかになった。

　SNS ではテキスト以外の情報も豊富に伝えられるため、家電やインテリアジャンルのインフルエンサーが多数存在し、さらに企業の公式アカウントも影響力を持つ。革新的で便益の高い機能やデザインなど強い商品性を持つ商品に出会ったり、自分が所属するコミュニティの中で大きな話題となったりした場合、生活者は検討期間の中で予定していた購買計画を変更し、即座に異なる購買の意思決定を下すことがある。

　家電・PC では男性において偶発購買が見られやすく、50

代男性では 46.3％に上る。EC サイトのレビューなど、使用実感を得やすくなったことが障壁を下げた大きな要因だ。

　偶発購買の加速度的な広がりをさらに後押ししているのが、最新のデジタルテクノロジーだ。家具やインテリアにおいても AR（Augmented Reality：拡張現実）によるバーチャルフィッティングや自宅でのプレビューができるようになり、これまで以上に購入リスクが低減した。また、メルカリや楽天ラクマのような CtoC サービスによって転売が容易となったり、サブスク家具サービスも出現したりと、デジタルサービスの浸透も見逃せない。

家・自動車

　一生に数度の買物となる家や自動車といったカテゴリでも偶発購買は見られる。住宅展示場や内見場所、ディーラーといった場所へ行かずとも、デジタル上で得られる情報が膨大となっているからだ。

　いえらぶ GROUP 調査 * によれば、Z 世代が「今後住まい探しで使いたい方法」でポータルサイトを押さえ、1 位に SNS が輝いている。SNS の活用の好事例として、静岡県浜松市発祥で 500 を超える拠点数を誇る一条工務店を挙げたい。家を建てようと検討行動を取り始めた方にヒアリングを行うと、SNS 上にレコメンドされる情報のひとつとしてよく挙がるのが、一条工務店のハッシュタグがついた投稿だ。一条工務店で家を建てた " こだわり志向 " のあるオーナーは、他社と比較しても強い拡散力と影響力を持っている。オーナーの視点からの投稿で、ライフスタイルに合わせた住宅の内外を見ると、家を検討していなくとも一条工務店の魅力が伝わってくる（一条工務店については、詳細 94 ページ）。

家は嗜好性が高く人によって好きなタイプが異なるため、セグメントメディアとしてハイエンド向け住宅・インテリアの情報を扱う『モダンリビング』や生活関連雑誌などの信頼感がある媒体の SNS 公式アカウントなども情報ソースとしては強いインパクトを持っている点も押さえておきたい。

＊いえらぶ GROUP「住まい探しにおけるポータルサイト・SNS の利用状況に関する調査」（2023.7.28）

金融

　無形商材でも思いもよらない買物が起きることがある。ひと昔前は口座の開設や金融商品の購入は、複雑で手順が多いイメージを持たれがちだった。今ではネット銀行の普及やネット上での金融商品の売買が一般化し、あり方は一変している。特にミレニアル世代を中心に投資意識が高まっており、金融領域の偶発購買体験率は男性全体で 30.4％に上る。

「僕と私と」の調査＊によると、「株式投資」は X 世代が22.6％・ミレニアル世代が 18.3％・Z 世代が 11.1％、「投資信託」は X 世代が 15.2％・ミレニアル世代が 16.7％・Z 世代が 8.7％、「NISA」は X 世代が 22.0％・ミレニアル世代が26.6％・Z 世代が 14.3％が行っていると答えており、若い世代でも将来への備えや税制対策意識が高まっている実態が見える。金融や経済に関する知識や判断力を示す「金融リテラシー」も、電通独自の調査データ（PDM Tunes2023 年 5 月）では、年々上昇傾向が見られる。

　SNS から受ける影響も大きく、特に「株クラスタ」や「投資クラスタ」と呼ばれる金融意識の高い層が X で自身の投資スタイルやポートフォリオ、購入した金融商品を公開するなど影響力を強めている。NISA 口座の開設や株式資産・投資信託

資産の保有、ロボアドバイザーと呼ばれる全自動の資産運用サービスのユーザー拡大などに大きく寄与している。本来は長期間の計画を求められる金融カテゴリですら、エントリーハードルが下がっているのだ。

＊僕と私と「Z世代／ミレニアル世代／X世代に聞いた 投資に関する意識調査」（2024.4.4）

コンテンツ・サービス ─────────────

偶発購買の中でも「瞬間消費」が増えているのがコンテンツ領域だ。オタクを自認する生活者は日増しに増えているが、消費傾向は瞬発的なものと長期間に及ぶものに分かれる。

例えば『鬼滅の刃』はコンテンツとして息の長い作品だが、Yahoo! JAPANのレポート＊によれば、映画公開時に通常と比べて急激に検索量が増えた。また「バスケW杯」でも、W杯期間中と通常時では検索量には大きな差がある。

アニメ、スポーツ、音楽といったコンテンツには根強いファンや応援コミュニティがあり、当然ながらコミュニティ内での偶発購買は起きているが、瞬間的に消費を行う「にわか」層も多い。「にわか仕込みのファン」などと揶揄もされるが、こうした日の浅い・知識の少ないファンがつくことでコンテンツの裾野が広がる。

彼らの購買行動に大きな影響を持つのはバイラルマーケティングや口コミだ。ジブリ映画やドラえもん映画など世代を超えて親しまれる巨大コンテンツにおいても、今では来場者向けのデジタル特典を用意してSNS上で話題化するようプロモーションを実施するなど、発話を促す施策を実施している。

企業やブランドもコンテンツと関わることで偶発的な出会いを生み出せるが、従来の協賛や権利活用だけでなく、商品自体

をコラボ開発したり、コンテンツ内に商品を登場させるプロダクトプレイスメントなど、口の端に上りやすい手法も検討したいところだ。

＊Yahoo! JAPAN Corporate Blog「大ヒットの鍵は40代?!データで見る鬼滅・あつ森・スノスト人気」(2021.4.6)

　偶発購買がどの領域でも起きる今、マーケティングを考える上で偶発購買の最大化が重要な意味を持つ。意図した購買を少しでも生み出すために、従来とは異なる新たな購買パターンを理解してマーケティング戦略に取り入れることが、現代の市場で成功するための鍵となる。

8 シャンプー市場における計画購買と偶発購買

　カテゴリごとの計画購買と偶発購買について、昨今のヘアケア市場、特にシャンプー市場で起きている変化を例に、さらに深掘りしてみたい。

　シャンプーやトリートメントの棚には様々なブランドがひしめき、日々新しい商品が登場するが、中でもひときわ目を引くのが、「BOTANIST（ボタニスト）」や「＆honey」「ululis（ウルリス）」といった1,400円台を超える商品群である。SCI（全国消費者パネル調査）データで売上分析をすると、ヘアケア市場の構成は数年内で様変わりしている。花王やP&G、ユニリーバといった巨大企業が圧倒的シェアを占めていた市場で、I-neやH2Oなど、新興企業が急速に市場シェアを獲得しているのだ。中にはこの3年で約3倍にシェアを伸ばした商品もある。この「シャンプー市場の地殻変動」とでもいう市場構成の変化

の背景を紐解く。

　従来シャンプーといえば髪の汚れを落とす洗浄力が強いものが王道で、価格帯も 700 円程度だった。花王「メリット」の、家族で洗う情緒的価値を持ち込んだ TVCM を記憶している方も多いだろう。まさに日用品として想起を高めるプロモーション展開だった。

　その後、2009 年にリニューアル登場した「スカルプ D（アンファー）」を筆頭に、頭皮ケアや毛髪ケアといった症状やペインに特化した機能性シャンプーが登場し、カテゴリーの様相は大きく変わる。機能性シャンプーは、同じ機能の判断軸で比較検討されやすいのが特徴だ。男性向けであればスッキリ感、女性向けであればノンシリコンに代表される成分評価といった具合である。

　その後、急速に市場シェアを上げたのが新価値を持つ高価格帯のシャンプーだ。その代表が I-ne の BOTANIST だ。2015 年の発売当時トレンドになりつつあったボタニカルという新たな波に乗り、シンプルでミニマルな価値がわかりやすいデザイン、香りや指通りの良さなど、情緒的価値と機能的価値を両立させて支持を得た。同社が BOTANIST の 6 年後に発売した「YOLU」はこれまでのシャンプーのように「夜入浴する時に洗浄力や香りがいいという満足感を提供するシャンプー」ではなく、「入浴後ないし朝起きた時に最も良いヘアコンディションをつくってくれるシャンプー」として「夜間美容」と名づけられた新価値を提示している。ululis は目を引く独自の透明な二重構造ボトルを採用しつつ、水分量に着目した髪のうるおいを特徴とした商品だ。これらは顧客 1 人当たりのブランドに払う金額が高く、市場シェアの拡大スピードは類を見ない。

　特筆したいのは、初期段階で TVCM に代表されるマス型の

認知を取る施策を実施していない点だ。新発売時に一気に認知を取る「垂直立ち上げ」を実施せずに大規模な売上を叩き出せるのはなぜか。BOTANIST については、今ではどのブランドも実施するナンバーワン戦略を活用した。海外の楽天市場でのカテゴリナンバーワンを総なめにして、ナンバーワン表記をパッケージに貼りつけることで、店舗での偶発購買を生み出した。大手ドラッグストアは流通側の事情も大きく棚取りが難しいため、まずはバラエティストアを中心とした複数の小売店舗でファンをつくった。

デジタル上の施策にも力を入れており、リアリティ番組『テラスハウス』の出演モデルや話題のタレントにブログで取り上げてもらうインフルエンサーマーケティング、及びプレゼントキャンペーンを実施し続けた。美容感度の高い層がユーザー目線で発信するブランドの情報が見事に伝播し、情報波及構造が生まれたのだ。

BOTANIST の成功体験の後に生まれた YOLU についてはどうだろう。発売当初から新価値である夜間美容に対する期待値が高かったかといわれると、実はそうではない。SNS 上での発話ボリュームを追うと、発売当初は「サロン超え」というキーワードで投稿に出ていきながら、発売後数年で発話量や投稿に対するレスポンス量が常に高くなるキャズム超えが起きている。プレゼントキャンペーンを頻繁かつ継続して実施しつつ、コラボキャンペーンなどを打ち出すことでアテンションを集めていった。カテゴリ関与の高いターゲットに納得してもらうためには、このような地道なマーケティング活動が欠かせない。その上で「夜間美容」という言葉自体がユーザーの間で使われ始めると共に、何度も思いもよらない使われ方をして話題となった点も押さえたい。

思いもよらないという点で最もわかりやすいのは「メスお兄さん」という言葉による商品の拡散だ。YOLU は、Twitter（現X）で「メスお兄さんの匂いがする」というつぶやきをきっかけに、美容関心層以外に突発的に広がった（詳細138ページ）。ユーザーの自発的な発話からブランドを取り巻くコミュニティが広がった瞬間だった。夜間美容という新価値や香り、指通りのいい髪になるといったファクトがユーザーの想像力を掻き立て、全く異なる概念に「変換」され、広がりを生み出した好事例だ。

　シャンプーカテゴリの購買事象から得られるヒントは 3 つある。1 つ目は商品に新価値を付加すること、2 つ目はユーザーの発話を意図的につくっていくこと、3 つ目はユーザーからの期待値をコントロールすること。
　1 つ目に関しては先述の通り、ボタニカルや夜間美容といったそれまで市場に無かった新価値を提示することで、全く異なる市場を形成できる。機能的な差が見つけづらい商品カテゴリで新たな発話や行動を生み出すほどの新価値を見つけることは難しいが、製品ジャンルを超えたインサイトや隠れたニーズを捕まえた商品開発設計がポイントだ。ユーザーによる「変換」を生み出して話題を自走させるためにも、わかりやすい商品性や余白を残した商品価値の提示が重要となる。このヒントについては、第 5 章にて触れている偶発購買設計フレーム「CRISP」を参考にしてほしい。
　2 つ目に関して留意したいのは、ユーザーは待っていても発話してくれないことだ。強いファンがいる商品やブランドであっても、発話してくれるとは限らない。発話しやすいファンは誰で、発話したくなるポイントは何かといった戦略を持ちたい。強い商品性や共感性をつくって仲間となるユーザーを増や

しつつ、理想的な発話・発信状態を目指した投稿キャンペーンやアンバサダー施策などを継続的に打つことが欠かせない。ファンコミュニティをつくるにはコミュニティマネジャーが重要と説かれるのと同じで、いいコミュニティには理由がある。単にコミュニティらしきものをつくるだけでなく、場が熱を帯びるための動力を忘れないようにしたい。

　３つ目は、ブランドに対する期待値をブランド側でコントロールすること。一言でいうと「購入前の適切なワクワクをつくる」ことだ。2024 年の電通独自インストア調査によると、特に高価格帯の商品において購入前の期待値を高めて使用に至った場合、期待値以下の使用実感だとブランドへの満足度が下がることがわかっている。価格の観点も同様で、購入前の期待値からユーザーが予想したクオリティと実際のクオリティの間にズレがある場合、価格に対する満足度が低くなる。新価値を提示しつつも、正しく期待値を高める（ある意味期待値を高めすぎない）絶妙なコントロールが求められる。

　適切な期待値を持って購入し、使用した際に十分な満足感が得られたユーザーは、カテゴリ商品の購入機会が訪れるたびにブランドのことを思い出し、長期間買い続けるロイヤリティの高い顧客になる。周囲への推奨を自発的に行ったり、ブランドが仕掛けたイベントや投稿キャンペーンなどに対してモチベーション高く参加することも多い。結果、LTV の高い優良顧客に囲まれた骨太なブランドに成長しやすいのだ。ブランドの長期的な売上を立てるためには、この状態を目指したい。

　本章ではシャンプーを例に偶発購買を生み出すポイントを説明したが、他のカテゴリでも当てはまるヒントがあるはずだ。

9　情報回遊時代における、企業とユーザーが共創するこれからのブランド戦略

　企業とユーザーが一緒にブランドや商品をつくる「共創（co-creation）」の考え方が世の中に広まって久しい。

　共創の本来の意味は、ステークホルダーと共に活動を行いながら事業につなげ、新価値を創造することだ。既存のビジネスモデルを変革して未来の事業や商品・サービスを開発する、あるいは既存商品・サービスの改善にお客様の声を取り入れるなど様々な目的の共創プロジェクトが存在する。

　本書では「対話をもとに新価値を創る」ことを共創の広義として、偶発購買を生み出す新価値を発見するヒントとして推奨したい。共創相手として未来のユーザーとなる可能性が高い生活者、ないしは顧客が所属するコミュニティとの関係性に焦点を当て、情報回遊時代の共創のあり方を明らかにしたい。

　例として挙げたいのが、食べるスープとして女性客のハートを掴むスープストックトーキョーだ。同社は利用シーンが多様化する中で、小さな子どもにも食事を楽しんでもらえるお店でありたいと離乳食の無料提供を発表したことがきっかけで、賞賛の声がある一方で批判の声も多く反響を生んだことがあった。スープストックトーキョーは通勤通学路となる駅構内で狭い店内の業態を展開することが多く、ひとりで来店していた利用客の一部から「使いづらくなる」「親子が殺到してこれまでと同じ体験ができなくなる」といった声が出ただけでなく、ブランドに対する便乗批判まで生まれて話題となった。

　これを受けたスープストックトーキョー側は、企業内での熟

慮の上、公式サイトにて「Soup for all！」という企業の価値観と共にグルテンフリーやハラル商品の販売・開発などこれまでの取り組みを示し、単なる謝罪ではない企業姿勢を示した。この対応は逆に共感を呼んだだけでなく、これまでスープストックトーキョーを使ったことがない層の興味も引く結果につながった。顧客と対話しながら価値を改めて問いかけるという意味では、広義の共創にあてはまる。

　別の例も示そう。「スーパーのお客様の声」はたまに SNS などで話題となることがあるが、「同性愛者の入店禁止を求める声」に対してスーパーの担当者側が鋭いレスポンスを行った事例がある。お客様の声にはクレームも多いが、ある時店の駐車場で男性同士が手をつないでいたのを見て嫌悪感を持った人から「入店拒否してほしい」というコメントが投稿された。これに対するスーパーの返答が秀逸で、「結論から申し上げます。もう来ないでください。」と投稿者の来店を拒否した。同性愛者も異性愛者も分け隔てなく同じお客様として接しており、この会社にも多くの LGBT の人が働いているとのコメントも添えられていた。ネット上では共感が殺到し、シンプルながら顧客との向き合い方が強い影響力を持って世に提示された。

　２つの事例から感じ取れるのは、企業と生活者の関係性の変化である。経営学者のピーター・ドラッカーは「真摯さに欠けるものは、いかに知識があり、才気があり、仕事ができようとも、組織を腐敗させる」という言葉を残しているが、この考え方は顧客との向き合い方や新たな事業を創造する際にも当てはまる。本来の意味で真摯に向き合い、誠実な対話を積み重ねることこそ、これからの時代の持続的なブランディングにつながる。従来の「共創」のイメージとはかけ離れた印象を持った人もいるかもしれないが、対話型の新価値共創に一歩踏み出すヒ

ントが得られるのではないだろうか。

　かつて接客業の王道として「お客様は神様です」と語られていた時代もあった。しかし、昨今の「カスハラ（カスタマーハラスメント）」問題が示す通り、この関係性は既に崩壊している。今では企業側も提供する価値を明確にしたり、一貫した姿勢を持った対応を重視するなど、顧客と企業が対等に互いをリスペクトしながらいい意見は取り入れるという関係性が増えている。

　最後にここまでの共創の話を踏まえて、企業とユーザーとの関係性を「密度」と「引力」という2軸で整理する。「密度」は、企業とユーザーのコンタクトの頻度や直接的な対話など、接点の量を指す。「引力」は、互いの関係の中で引きあう力を指す。主体性やリーダーシップとは違う、動力源として互いに相手を惹きつける態度や行動を示す状態のことだ。情報回遊時代の共創においては、「引力」をどう扱うかが鍵となり、それが結果としてSEAMSモデルの「遭遇」モーメントを増やしたり、ブランドとして強いうねりを生み出すことにつながる。

　ここまでの2つの事例は、密度は「薄め」だが、企業が引力を発揮してブランドが強固になった例である。密度が「濃い」例としては、企業がコミュニティを形成する事例が多く挙げられる。例えばカゴメは開かれた企業づくりを目指し、個人株主のことを「ファン株主」と呼んでいる。株主は決算説明会だけでなく工場見学や料理教室に至るまで様々なイベントを体験することでカゴメへの関与が高まり、熱量が株主以外のお客様にまで伝播する。

　アンバサダーやインフルエンサー活用など、情報回遊を起点に据えてユーザーを媒介として企業が引力を生み出すケースも

図1-4 情報回遊時代の共創＝遭遇の「引力」と「密度」の設計が鍵に

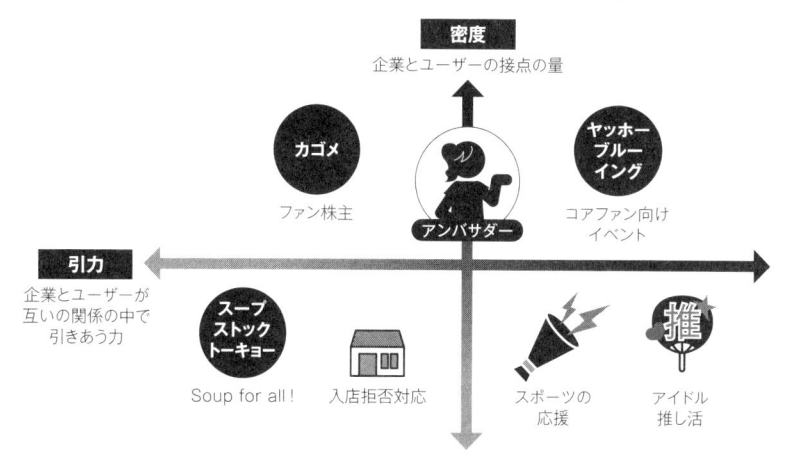

ある。理想的なユーザー像に近いファンであり発信力もある方をアンバサダーに任命してユーザー目線での発信を行ってもらうだけでなく、発売前の商品のフィードバックを得たり、商品の満足度を調査したりといったケースもある。媒体が持つ読者・閲読者のコミュニティを活用し、ワークショップを通じて新商品を開発しながら読者全体へとブランドの浸透度を高めるケースもそのひとつだろう。

　一方、ユーザーが引力を持つのが、スポーツチームの応援団やアイドルの推し活だ。スポーツではチーム公認となっている場合も多いが、応援団の内部でほとんどの活動の実施内容が決められている。応援団のカラーがチームのカラーとなって露出していくため、チームは熱心な応援団を一段と大切にするようになっていく。

　密度が濃く、かつ企業もユーザーも引力をつけたブランドのケースとしては、ヤッホーブルーイングがある。スタッフと顧

客、双方の顔や名前がわかるビールの飲み会を開くなど、コア
ファン向けのイベントを通じて深い関係性を築いている。ファン
側が主導する場まで存在しており、双方がいい関係性の中で
ブランドを形づくっている。

　情報回遊時代における共創は、ここに示した以外にも様々な
あり方の密度と引力の関係性が存在している。ブランドの状態
や関係性の理想像に応じて検討すべきであり、正解は無い。新
しい価値を生み出すための対話の重要性をお伝えして、第1
章を締めたい。

「BASE」が創る新しい売り方

　偶発的な購買を生み出すことで急速に大きくなっていくブランドを下支えする、市場におけるゲームチェンジの風雲児がいる。ネットショップ作成サービス「BASE」だ。

　多くのショップオーナーに支持される「BASE」を創業期から磨き続ける執行役員 VP of Product 神宮司誠仁氏に、今まさに生まれ続ける"新しい売り方"について話を聞いた。

「BASE」の成長とプロダクト哲学

「BASE」の成長の裏には、創業以来一貫して守られてきた「シンプルさ」と「使いやすさ」を追求する哲学がある。神宮司氏は、「どんな人でも自分のアイデアや夢を形にできることを大切にしている」と述べる。この哲学は、単なる技術的なプロダクトの設計理念にとどまらず、企業全体の文化として根づいている。どれだけ機能が増えても、直感的に使えるデザインを重視し、ユーザーが迷わずに自分のショップを立ち上げられるようにすることこそ、BASE の本質なのだ。この一貫した姿勢が、「BASE」を利用する多くのショップオーナーの支持を集めている。

　BASE は、「Payment to the People, Power to the People.」という企業ミッションの実現を目指し、各プロダクトの開発・提供に取り組んでいる。ネットショップ作成サービス「BASE」においては、ショップオーナーが自由にビジネスを展開し、自己表現を追求できる場を提供。ショップオーナーは性別や年齢、職業に関わらず、自分のアイデアを形にするた

純喫茶の食器や家具を仕入れて販売するショップ「村田商會」。

めのツールとして「BASE」を利用している。その結果、ファッション、アクセサリー、食品、アートなど、様々なカテゴリで多様なショップが開設されている。

　特に注目したいのは、独自性あるショップが「BASE」を通じて成功している点だ。純喫茶の食器や家具を仕入れて販売する『村田商會（https：//muratashokai.theshop.jp/）』のように、これまでに無いユニークなショップが次々と台頭。こういったショップが扱うのは、純喫茶好きで家でも雰囲気を楽しみたい、こだわりの商品を集めたいといったニーズに基づいた特定の界隈においてヘビーユースされる商品だ。自分らしいショップを開いてみたいという想いを持ったオーナーが簡単にネットショップを開けるようになったことで、情報回遊時代においてその想いを界隈まで届けることができているのだ。

　神宮司氏は、BASE のプロダクト哲学についてさらに深く掘り下げ、「どんなに機能が複雑になろうとも、シンプルさを

保つことが最も重要」と口にした。また、「『BASE』のプロダクトに関しては、初めてネットショップを始める人が迷わずに使えるようにすることが、我々の使命だ」とも語る。社員一人ひとりがこの哲学を共有しているからこそ、「BASE」が誰もが想いを形にできるプロダクトとなり、ショップオーナーからの信頼を得ているのだろう。

　ちなみに、「BASE」にはEC領域に特化したメンバーが少ないという。これが結果的にショップオーナー目線に近いプロダクトを生み出す要因となっている。EC分野の専門知識を持たないからこそ、ショップオーナーの課題や悩みに対して、より共感度の高い打ち手が実現できているのだ。

ショップオーナーに自己表現の場を提供する「BASE」の差別化戦略

「BASE」が他のECプラットフォームと異なる点は、ショップオーナーたちが単なる販売手段としてネットショップを運営するだけでなく、自己表現の場としても「BASE」を活用していることだろう。

　神宮司氏は、「ビジネスとしての成功だけでなく、自分自身を表現したいという動機が、多くのショップオーナーにとっての原動力となり、ブランドの成功にもつながっている」と指摘する。

「BASE」は、ショップオーナーが自分のショップをより魅力的に見せるためのツールや機能を豊富に提供する。例えば、ショップのデザインを自由にカスタマイズできる機能や、独自のブランドイメージを強調するためのマーケティングツールなどを用意。これにより、ショップオーナーは自分自身のスタイルやブランドの世界観を反映させたショップを運営することができる。これが、ショップオーナーの自己表現を実現している

のだ。

　自己表現の場からさらに進んで、ショップオーナー同士の関係づくりにも広がりを見せている。オフラインでのオーナー同士の交流や、商品の企画・製造が得意なブランドショップと商品の認知拡大・販売が得意なセレクトショップを、「BASE」内でマッチングする「販売パートナー機能」の導入によって、オーナー同士が連携し、新たな商品やビジネスモデルを生み出しているのだ。通常の EC プラットフォームでは起きえない混ざり合いが、ショップオーナーの想いをさらに強くしている。

　ショップオーナーの創造性を引き出し、それが多様で魅力的なショップのラインナップを生み出していく。こうした機能一つひとつを通じてショップオーナーの想いを具現化していくことが、企業ミッションである「Payment to the People, Power to the People.」の実現につながっていくのだ。

Pay IDと未来のECビジネス

　BASE では、購入者向けのプロダクトとして、メールアドレスとパスワードの入力だけでスムーズな決済体験を提供する ID 決済機能と、新しい商品との出会いや好きなショップでのリピート購入をサポートするアプリを持つ購入者向けショッピングサービス「Pay ID」を運営しており、これがショップオーナーと購入者をつなぎ購買体験を深化させる重要な役割を果たしている。神宮司氏は、「Pay ID を通じて、ユーザーが自分にぴったりの個性豊かな商品と出会うことができる」と語っており、高度なレコメンド機能を提供することによって、ユーザーが「ディグる（掘り下げる）」楽しさを感じられるサービスを目指す。まさに偶発購買が生まれる「遭遇」を生み出すサービス

の開発に、注力しているといえる。

Pay ID は、単に購入を容易にするだけでなく、ユーザーの購買データをもとにした高度なパーソナライズを提供している。EC モールでは併買によるレコメンドがメインだが、Pay ID では過去に購入した商品の履歴や、閲覧した商品の傾向をもとに、次にどのような商品がユーザーにとって魅力的かを予測して提案する。神宮司氏はこれを「ドリルダウン型のレコメンド」と呼んでおり、ユーザーは自分の好みに合った商品に容易に出会えるようになり、購買体験がより豊かに、満足度の高いものになっていく。

神宮司氏は今後の EC 市場における「BASE」の役割について、「EC 市場において、誰もが公平に成功を目指せる環境を提供すること」であり、買い手側の観点から見ると「遭遇の総量を増やすこと」であると述べた。

ネットショップを作る敷居を極限まで下げることによって、ますます自分の想いやアイデアを形にしたい人が夢を叶える。そして最終的に SNS などを回遊している時に流れてくるコンテンツの中に、想いを持ったネットショップが混じる確率が増え続けていくというサイクルが生まれていくのが理想的な姿だろう。

個性豊かなショップオーナーが「BASE」を利用してネットショップを開設しており、外から見たらわからない世界が多方面に広がっている。自分が一番好きなものでチャレンジすることで、高い熱量がブランドと人々の出会いを生み出すと強く感じた。

ユニークなテーマでコアなファンを惹きつける
「ヒミツノバ」

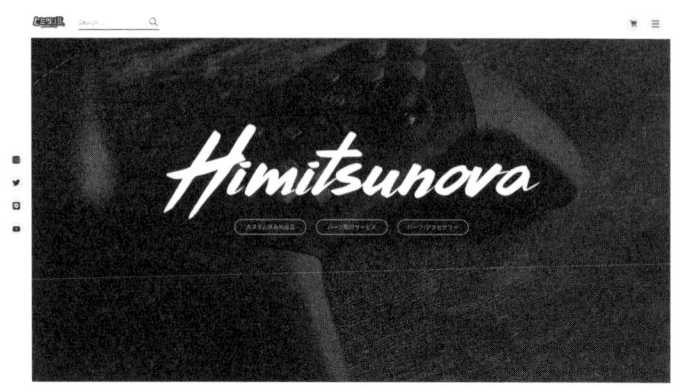

ゲームボーイの改造やレトロゲーム関連のアイテムを提供する「ヒミツノバ」。

　自分が一番興味のある分野に特化したショップを「BASE」を利用して開設し、その高い熱量によって成功している例のひとつが、ゲームボーイの改造やレトロゲーム関連のアイテムを提供している「ヒミツノバ」だ。ショップオーナーの角田大輔氏に、「BASE」において偶発購買をどのように生み出しているのか、話を聞いた。

趣味から生まれたビジネスの原点

　角田氏は、もともとファミコンやゲームボーイといったレトロゲームのコレクターとしての趣味の範疇から事業を始めたという。彼が個人的に楽しんでいた DIY や改造が、SNS を通じて広がり、ファンから「これを買いたい」という声が寄せられるようになったことが、ビジネスの始まりである。

メルカリで販売を開始したが、即座に完売することが続き、本格的にネットショップを開設するために「BASE」を選んだ。日本では Twitter（現 X）、海外では Instagram を中心に火がついたという。国内で最初に反応したのは、リアルタイムで子ども時代にファミコン・ゲームボーイで遊んでいた 30 ～ 40 代の当時の黄金世代。だが今では、教科書でゲームボーイを初めて見た若い世代が、「エモい」という感覚で「使ってみたい」と、原点回帰的にユーザーとなっているというから面白い。30 ～ 40 代のユーザーからは、「当時、自分が遊んでいたゲームを自分の子たちにも遊ばせたい」「終わりのないスマホゲームと違い、明確にクリアできて終われるのがいい」という声も聞かれるという。

「趣味がビジネスに発展する瞬間」を実感したという彼の経験からは、まさに偶発的な購買が生まれる背景を知ることができる。

コアなファンを引きつける商品展開と今後の展望

「ヒミツノバ」のリピーター率は 50％を超えている。通常 30％程度でも高いと言われる中で、驚異的な数字だ。根強いファンがいる証拠だろう。

　この数字を支えるのが「自分が本当に欲しいと思うものを提供する」というヒミツノバの確固たる姿勢だ。特に、ゲームボーイをファッションアイテムとして活用するなど、エモさやファッション性を取り入れた商品展開が、コアなファンの心を捉えている。また、角田氏は「意味のある無駄」にこだわった商品開発を進めており、ゲームボーイの液晶に画像を表示させるアイデアや、レトロゲームをテーマにしたファッションアイテムの開発、さらにはゲームボーイアドバンスのソフトをイン

テリアとして飾れるアクリルスタンドなど、ワクワクする広がりを見せている。

　こういった商品開発のアイデアは、1に自分自身の熱量、2にターゲットとの付き合いの中でのひらめきから生まれるという。新市場の開拓に、エビデンスは少ない。直感や市場の反応をダイレクトに見ていくことが重要だと強く感じた。

　角田氏は「お客様が一番見ているのは、自分たちの同志かどうか」だと語る。オーナー自らが扱う商品のファンであり、自分が実際に使う様子も伝えていくことで、仲間という認識が広がり、偶発的な購買が勃発していく。

　ヒミツノバのとどまることなき創造力を肌で感じ、熱量の伝播が生み出す新しい偶発的購買体験に、強い可能性を感じたインタビューとなった。

SEAMS×マーケティング・プロモーション
コロナで起きたパラダイムシフト

木村仁昭

▍ コロナが「リテール・アジェンダ」の変遷に与えた影響

　本コラムでは、SEAMS モデルがより機能するようになった要因を消費者の買物環境の変化から考察したい。筆者は、新型コロナウイルス感染症（以下、コロナ）の拡大前から全米小売業協会が主催するリテール領域におけるグローバル・コンベンション「NRF（National Retail Federation）：Retail's Big Show」に参加している。今年で 113 年目を迎え、今やマーケティング・プロモーション分野における世界最大規模の祭典だ。

　SEAMS モデルが誕生・普及するに至った一因に、新型コロナウイルスの感染拡大によって「店舗での店員を通じたお買物体験」が封印されたことがある、と筆者は考えている。NRFで取り上げられた各年次でのリテール・アジェンダを社会環境の変化×キーワードとともに時系列で整理することで、その仮説を検証してみたい。

　2020 年 1 月に端を発したコロナパンデミック下での社会環境の変化は、感染リスクを回避するために自衛的な衛生感覚に根差した**①非接触の加速**。緊急事態宣言が 10 回近く発令された中で醸成された**②不確実性の増大**。そのような環境下で社会定着したリモートワークやネットスーパーがもたらした**③行動半径の縮小**、大きくはこの①→②→③の段階を踏んできた。

　加えてコロナ収束の兆しが完全に見え、リテール DX が成熟した 2024 年に入って以降は、アフターコロナの新しい消費

社会様式が確立された。それは、「オンラインであれオフライ
ンであれ、"顧客"の買物行動は、買いたいブランド／行きた
いお店（ストア）／共感できるパーパスを共創できる仲間たち
（ピープル）」があってこそ生まれるという、Brand（with
Purpose)へのアクセスを目的とする購買行動の"原点回帰"だ。

▌With コロナ時代における、新たなキーワード

前述したアジェンダを、NRF でも語られたキーワードベー
スで概観すると**図1-5** のようになる。ここでは、コロナが加速
したリテール DX を最もよく象徴するキーワード「Phygital
（フィジタル）」をご紹介したい。

「Phygital」は 2013 年にオーストラリアのクリエイティブ
ブティックである Momentum から、マーケティング・プロ

図1-5 NRFで出現したキーワードの変遷（Pre コロナ～ Postコロナ）

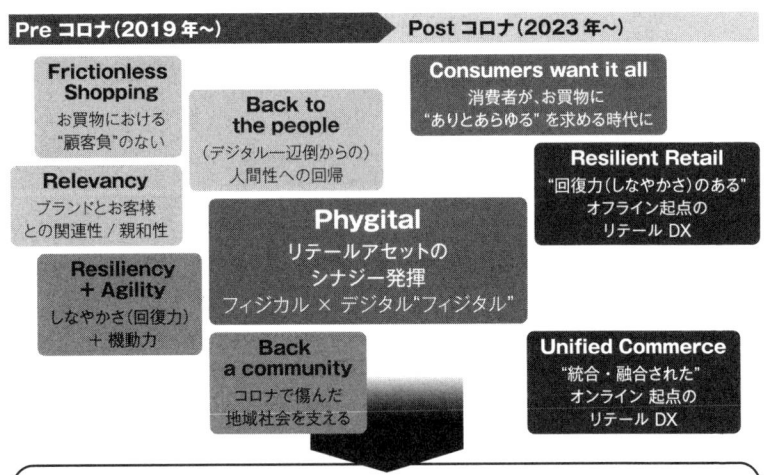

Pre コロナ（2019 年～）　　Post コロナ（2023 年～）

Frictionless Shopping
お買物における
"顧客負"のない

Back to the people
（デジタル一辺倒からの）
人間性への回帰

Consumers want it all
消費者が、お買物に
"ありとあらゆる"を求める時代に

Relevancy
ブランドとお客様
との関連性／親和性

Resilient Retail
"回復力（しなやかさ）のある"
オフライン起点の
リテール DX

Phygital
リテールアセットの
シナジー発揮
フィジカル × デジタル"フィジタル"

Resiliency + Agility
しなやかさ（回復力）
＋機動力

Back a community
コロナで傷んだ
地域社会を支える

Unified Commerce
"統合・融合された"
オンライン起点の
リテール DX

【2024 年～】Begin with Brands, Start with Stores, and Play with People
ブランド・ストア・ピープルから、コロナ明けの新しいお買物体験が始まる

モーションの現場におけるデジタル×リアルを組み合わせた統合プロモーション（IMC）を表現するものとして発せられたものが起源とされる。そこから NRF などを通じて［オンライン・オフラインを問わず、流通小売業が持つフィジカルアセット（店舗・商品棚・物流網 etc.）とデジタルアセット（EC サイト・アプリ・顧客データ etc.）を組み合わせて、最適な CX（顧客体験）や EX（従業員体験）が創られること］を意味する言葉となった。

　類似キーワードである「O2O」「OMO」「オムニチャネル」などを含めて、時系列にテクノロジー、リテール・コマース環境と共にチャネル構造の変遷として整理したものが、**図1-6** である。

図1-6　3つのトランスフォーメーション（2000 年〜）

時期	〜2000 年	2010 年前後	2011 年	2010 年代後半	現在〜
① テクノロジーの「変革」	パソコン インターネット	スマホ SNS	GAFA クラウド	QR・スマホ決済 IoT	AI／ML／AR／VR／5G withCOVID-19
② リテール・コマース環境の「変化」	ロングテール化 カテゴリの拡大	サービスの拡充 コト軸の発達			生活インフラ化 フルオートメーション
③ チャネル構造の「変遷」	EC／Real	O2O	Omni Channel	2013 年 Momentum（豪州）「Phygital」という言葉を初めて使用 OMO	2019 年 Kroger CEO（米国）"Retail will be digital & physical" Phygital

　2010 年代の「O2O」「OMO」「オムニチャネル」といったキーワード群はあくまでチャネルが主語である。2020 年代以降、あえてこれらの使用を控えるようにしているのは、上記に記載した「テクノロジーの変革」とそれに伴う「リテールコマー

ス環境の変化」の結果、本当の意味で顧客主語の時代が到来しており、そこにフィットする「Phygital」（形容詞）こそがパラダイムシフトを最もうまく表現していると考えているからだ。

　今では顧客が主体的かつ能動的に自身にとって最適な購買チャネルを選び、企業はその環境を整備しておくのが当たり前であり、それができない企業は淘汰される時代が到来している。そのような時代の要請に企業側として適応するために必要かつ、「Phygital Customer」に対して有効な、アフターコロナ時代のマーケティング・プロモーションのフレームワークがSEAMS だと考える。

▌Before (& with) コロナ時代のキープレイヤー Amazon と Walmart

「Phygital Customer」に至るまでの構造変化をさらに時系列で深掘りしてみよう（**図 1-7**）。

① 2019 ～ 2020 年：「フリクションレスショッピング」の登場

　E コマースの普及とテクノロジー・デジタル化の進展が、消費者の買物体験における不便さや負の体験を解消、CX（顧客体験）に革新をもたらし、「フリクションレスショッピング」という言葉が生まれた。これは単なる機能性・利便性の追求にとどまらず、消費者とブランド間の心理的な距離を縮める「レレバンシー」の追求であり、オンラインのデジタル買物環境への過剰な偏重に対する反動として、オフラインのフィジカルな店舗と店員の重要性を再評価する動きも加速した。買物における「人間性回帰」ともいえる。

図1-7 リテールコマース業界 ポストコロナから現在までの構造変化

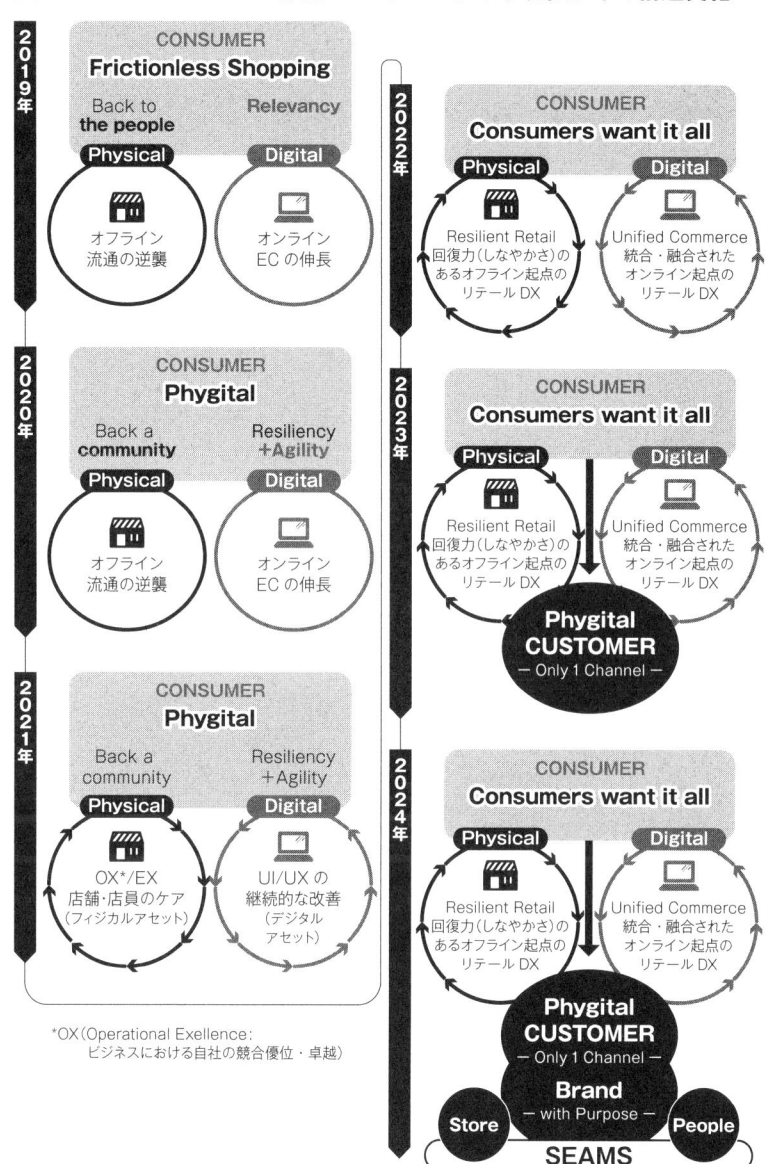

*OX（Operational Exellence：ビジネスにおける自社の競合優位・卓越）

② 2020 〜 2021 年：「フィジタル」概念の登場

　しかしコロナの影響により、リテール DX の進むべき方向性が大きく変わった。消費者の行動範囲が制限されたことで、フィジカルな店舗とリアルに店員を有するオフライン・リテーラーが重視されるようになり、日常生活における欠かせない存在としての迅速かつ柔軟な対応力「アジリティ」と、未曾有の危機に対する柔軟性「レジリエンシー」が重要視されるようになった。リテール DX は、より身近な「地域社会を支える」従業員の EX（従業員体験）の向上に向かって進んでいった。

③ 2022 年〜：消費者の「フィジタル」環境への適応・習熟

　予想以上に長引いた 3 年強のパンデミック期間を経て、リテーラーもコンシューマーも共にリテール DX の恩恵を享受するようになった。オフライン・リテーラーは自身のフィジカルアセットを、一方でオンライン・リテーラーはデジタルアセットを起点にするなど、それぞれの強みを軸にしなやかさとスピード感をもってリテール DX を継続的に進めていった。

　コンシューマーも新たな買物環境に適応・習熟し、同時により多くのものを求めるようになったが、それに最も早く対応したのがアメリカの Amazon（Whole Foods Market）と Walmart である。

リテール DX ケーススタディ：Amazon（Whole Foods Market）

　Amazon に 2017 年に買収された Whole Foods Market。都市部店舗においては時に来店客以上に、Amazon Prime のネットスーパーに対応する店内スタッフ（Picker）の姿のほうが目立つ。店舗では Amazon（EC）での購入品の返品も可能で、筆者が視察に行った際も、返品来店した顧客が生鮮品をついで

Whole Foods Market の店内

買いする様子が散見された。オンラインとオフライン、全く対照的な 2 事業が、コロナパンデミックを経てこのような形でシナジー発揮することを誰が想像したことであろうか。

リテール DX ケーススタディ：Walmart

　2019 年 6 月、Walmart の公式 Twitter（現 X）に 1 本のサービスデモ動画が投稿された。冷蔵庫の在庫状況を鑑みた上で、顧客がアプリを通じて発注をすると、近隣の店舗店員が個宅に生鮮品を配達＆配置までするというものだ。これが現行サービス展開されている「InHome Delivery」（買った生鮮食品を個人宅の冷蔵庫まで入れてくれるサービス）へとつながった。彼らの顧客囲い込みはラスト 1 マイルを超えてラスト 1 インチにまで到達したと言える。

④2023年：Consumer（消費者）は、「フィジタル」Customer（顧客）へ

　コロナが明ける兆しが見えてくると、それまでリテール DX の恩恵を享受してきた消費者は、チャネル（リテーラー）主語ではなく、本当の意味で自分たち顧客が主語となる消費社会構造

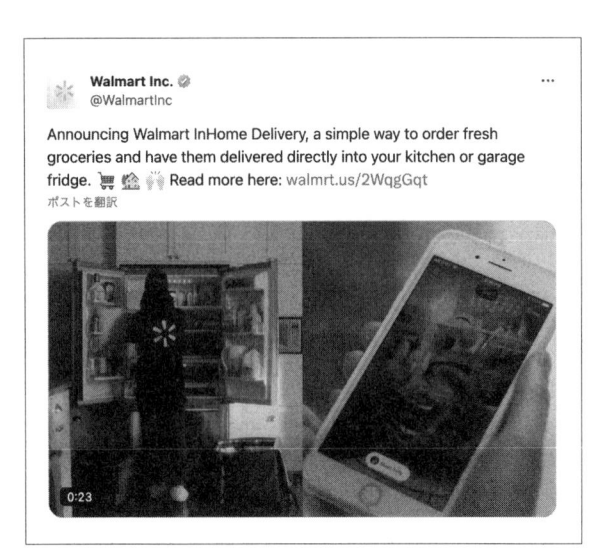

Walmart の「InHome Delivery」サービス

の出現を目の当たりにする。

　すなわち、その状態を表す「Phygital（フィジカル×デジタル）」という概念が、ここに来てようやく実体を持って社会実装された。その一方で、コロナにより抑圧されていた消費行動や購買体験などのディマンドチェーンが解放され、さらにはそこへインフレや世界情勢不安なども重なり、サプライチェーンの逼迫や不確実性といった問題も新たに浮上してきた。

⑤ 2024 年：21世紀型のマーケティングを構成する 3 要素と、
　それを支える SEAMS モデル
　しかし多くの企業は、自社のバリューチェーンをレジリエントに適応させる努力を惜しまなかった。コロナ収束が見えてくると、消費者がより自身の消費行動に目的と意味を求めるようになり、「製・配・販」というバリューチェーンの川上プレイヤー

であるメーカーや卸売業も、20世紀型のマスマーケティング時代にはなかったBX（ビジネス・トランスフォーメーション）を進めるようになった。

本コラムではそのドライバーを3つと規定する。1つは、**パーパスを伴った強い個性あるブランド**、そして**21世紀型のエクスペリエンス＆エンターテインメントを提供できるストア**、さらに**いち消費者ではなくいち顧客としてのピープル**の3つである。そしてそれらを下支えするアフターコロナ時代の新たなマーケティング・プロモーションフレームがSEAMSである。次節以降でそれをもう少し構造化し説明していきたい。

▌3つのチェーン×3つのステークホルダー

1980年代にブーズ・アレン・ハミルトンのコンサルタントやハーバード・ビジネススクールのマイケル・E・ポーターによって理論支柱が確立された3つのチェーンが、ディマンドチェーン、サプライチェーン、バリューチェーンだ。これに3つのステークホルダーである、顧客、流通、メーカー（ブランド）を掛け合わせて顧客体験と業務プロセス、統合チェーン全体を模式図化したのが**図1-8**だ。

これら統合チェーンは「20世紀型のマスマーケティング」といえるが、その特徴は「直線的」「固定的」かつ「分業的」なモデルである。この統合チェーンのモデルは、オンラインECの勃興やSNSメディアの登場、デジタルテクノロジーの環境変化によって、大きくその姿を変えた。そこにコロナによる社会パラダイムシフトが追い打ちをかけ、コロナを経た現在では「①循環型」「②フレキシブル」「③全体最適」「④共創」が重要なキーワードとなっている。

筆者は、これら4つのキーワードにこそ、レジリエントの

図1-8 3つのステークホルダーと3つのチェーン

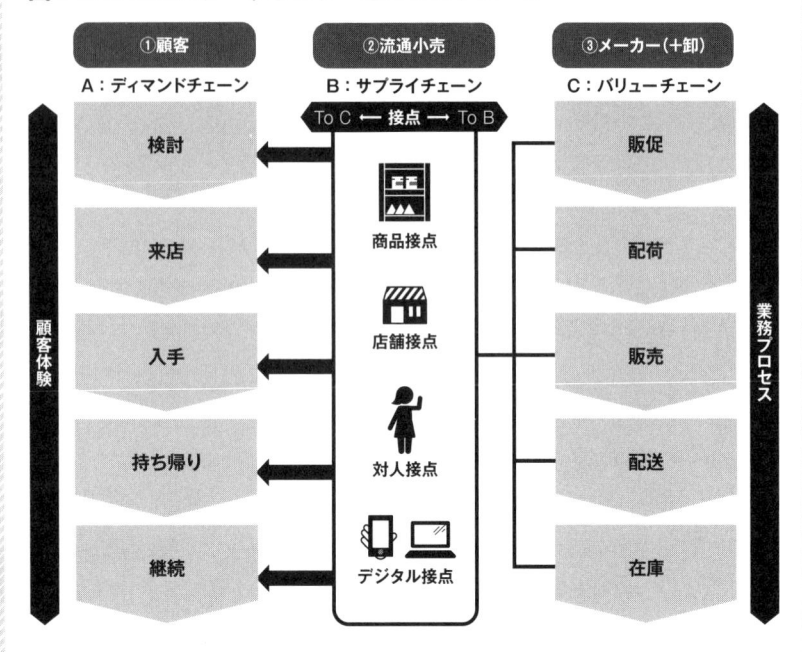

本質があると考える。それぞれ、以下の通りである。

①循環型：単発・PoC（概念実証）にとどまらない、建設的・継続的かつ、未来志向性を持った取引関係

②フレキシブル：不測の事態・リスク等に対しても、機敏・柔軟に対応できる即応態勢

③全体最適：SDGs 観点から、複数のステークホルダーが相互補完し合う有機的な結合＆構造

④共創：共通のパーパスのもと、DEI 観点から 1チームで 0からつくり上げるアントレプレナーシップ

　従来のモデルは、顧客ニーズの変化すなわちディマンドチェーンにサプライチェーン側が対応してきたが、これからは、顧客・

流通・メーカーの3つのステークホルダーが、4つのキーワード「循環型」「フレキシブル」「全体最適」「共創」の関係を紡ぎ出すモデルに進化していくと考えている。

例えば、顧客と流通の「フレキシブル」で「循環型」な関係。スキマバイトアプリで近所の飲食店の助っ人で応援バイトに入った顧客が、その飲食店の店長と親密な関係になり常連顧客となる。雇用と顧客の関係性、給与と買物がフレキシブルに循環する消費サイクルだ。

販売を目的としないショールーム型店舗「売らない店」の登場も、フィジカルな店舗が「モノを売る」ではなく「ブランドとの関係をつくる」ことに重点を置いていると考えることができるだろう。今後は生成AIの登場で提供できる体験の質と量は劇的に変わっていくが、デジタル環境にのみ身を置く限りはより予定調和や期待値適合が多くなり、それだけでは消費者は満足しない。

デジタル・テクノロジー・データ…これらを越えていけるのは、偶発的な体験の「場」と熱量高く温かみのあるコミュニケーションを提供できる「人」の力である。実際のビジネスにおいて、これらを実践できている企業事例を取り上げて解説したい。

■ ケーススタディ：DAYLILY

DAYLILY（デイリリー）は漢方専門家の父を持つ台湾出身の王 怡婷氏と日本出身の小林百絵氏がクラウドファンディングで資金を募り、2018年3月に台北に1号店を開店創業した「台湾発・女の子のための漢方のライフスタイルブランド」だ。漢方に加えてチャイナシューズやフェイクレザーポーチなど、人々の生活に寄り添う様々な商品を取り扱っている。台湾で観光客を中心に話題となり、2019年に日本に初出店。ECに加え、

DAYLILY の商品

東京、大阪、福岡、札幌と国内にも 5 つの実店舗を構えるまでに成長した。

　自社で商品を開発し、自社チャネルで販売まで手掛ける DAYLILY は、一般的に「D2C ブランド」に分類される。しかし、小林氏は 2023 年のインタビューで「当時、勢いのあった米国の新興ブランドは、今まで見てきた老舗ブランドや大手ブランドとはまったく異なるコミュニケーションの取り方で、顧客との関係を築いていました。フレンドリーで距離が近いけれど、対等。ブランドが偉いわけでもなく、かといってお客様を過剰に持ち上げるわけでもない距離感が、心地良いと感じたのです」と語っている。

　ここで言及されていたのが、NYC 発のコスメブランドの「Glossier」。D2C ブランドの元祖とされる存在のひとつだが、

DAYLILY 自体は D2C ブランドありきでなく、漢方や養生、台湾の文化を知ってもらうためにマガジンを書き、ユーザーとの距離をより縮めるために YouTube や Podcast を配信し…というように、想いありきで、その伝達のため適切な手段を広げていった結果として、多彩な情報接点ができ、最後にフィジカルな店舗を持つに至ったブランドである。D2C ブランドづくりが先にあり、そのために発信することを考える、という昨今の D2C ブランドブームとは順番が逆というわけだ。

小林氏の考える D2C の本質は、上下関係をつくらないコミュニケーション。DAYLILY では、社員も顧客もみな「sister」と呼び、パートナーのような関係を築いている。しかし、sister に対して小林氏や共同創業者である工氏が「DAYLILY はこういうブランドである」などと直接発信してしまうと、上下関係が生まれる可能性がある。このケースでは、オンライン起点で新市場創造をしてきたメーカー・ブランドが、その Base of Authority（ブランドの信頼の証）となる台湾に店舗を持ち、そこから日本へ逆輸入の形で市場進出してきたこと。ブランド拡張の過程でも DEI（多様性・公平性・包括性）の精神を持ち続けたこと。創業メンバー・従業員までもが、上から目線でなく、顧客と一体になり楽しんでブランドを創出している点が、実に興味深い。

デジタル環境を前提として出現した D2C ブランドは、リアルな人同士の交流・触れ合いという After コロナの時代にこそ許される特権を持って、次なるステージへと到達した。すなわち、フィジカルな「ストア」というハブにリアルで集い、同じ嗜好性や志である「パーパス」でつながり、もはやビジネス⇔カスタマーの分け隔てない「ピープル」たちによって共創される「ブランド」。NRF での 2024 年のキーワードは「Begin with Brands」「Start with Stores」「Play with People」の３つであった。この言葉の意味するところこそが、今後の購買行動の destination（目的地）になっていく。

▎プロモーション視点で見た、SEAMSの本質〜Infinite Experiences

コロナによるパンデミックを乗り越えレジリエントなビジネスを成功させている企業の共通点は、その創業の起点に違いはあれど、**フィジカルアセットとデジタルアセットを融合させ**、真の意味での顧客第一主義を貫いた上で、アフターコロナ時代のカスタマーが主語・主体・主役となるフィジタルなリテールコマース環境を提供しているということだ。

昨今はそこに、「リアルな人（店員も顧客も併せた People ）というアセット」を掛け合わせ、**ビジネスサイドだけでなくカスタマーサイドも一体**となり、より多くのステークホルダーに向き合うためのパーパスブランディングを共創するようになっている。そこでは**購買体験は過去からの連続性あるものでかつ、顧客体験はロイヤルティや LTV という言葉と共に未来へ永続性を持つこと**をビジネスの前提としている。

従来は二項対立の緊張関係にあったもの（お客様↔従業員、デジタル↔フィジカル、テックタッチ↔ヒューマンタッチ、過去↔未来）を顧客主語・個客対応で丁寧に統合し、より高次元の顧客体験へと "昇華・テイラーリング" していくマーケティング・プロモーション活動、それこそが今回提唱する SEAMS モデルの真骨頂である。もはやマーケティングの 4P も静的で固定的なものではなく、個客に合わせてオーダーメイドで仕立てられるべきであり、現代のデータ・テクノロジー・デジタル環境をもっ

図1-9 パーチェスサイクルとロイヤルティサイクルの無限大モデル

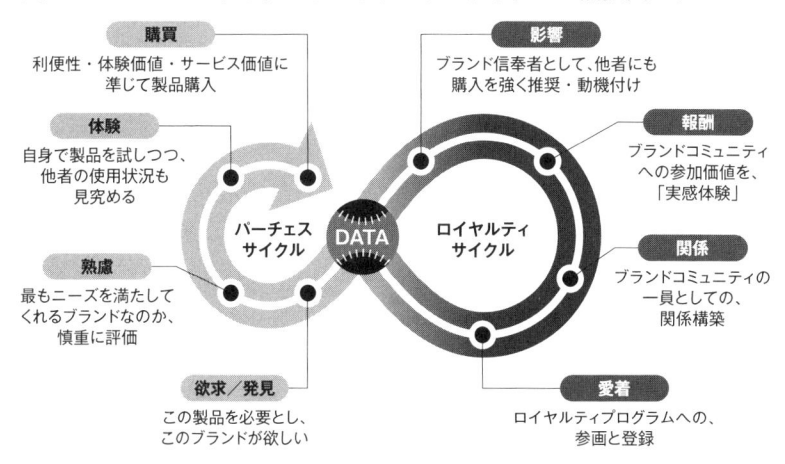

てすれば、それが容易に可能となる。

　特にマーケティングの 4P の一翼を担うプロモーション（Promotion）は本来その中でも最も自由度が高くあるべきで、それを我々は「クリエイティブ」と呼んできたのではないだろうか？

　フィジカルとデジタルの体験をシームレスに縫い合わせた 1 つのボールが回転するように、回遊→遭遇→受容→高揚→共有が連続して起こる SEAMS 購買。カスタマーサイドの多様な消費購買行動を球体のボールに例えるならば、それをビジネスサイドとして立体→平面へ展開すると、その縫い目は上図のような 8 の字型の「∞」になる。

　この「パーチェスサイクル」と「ロイヤルティサイクル」がデータを介して循環し続ける無限大∞のモデルこそが、SEAMS の礎となっているのである。

第 2 章

プライベート情報時代の
ユーザーブランド

1 プライベート情報時代の幕開け

　ラテン語で仲間との親交や友愛を意味する言葉「societas」。集団組織を哲学的に考察するようになったヨーロッパ啓蒙時代に、この言葉は政治経済文化的な要素を包括した意味に発展。そこから生まれた「ソサイエティ」という言葉は国全体や大規模な文化圏を表す概念となった。一方、ラテン語で共有を意味する言葉「communis」。市民権やギルドが発達したローマ帝国時代に、共同体を意味する「communitas」という言葉に派生した。そこから生まれた「コミュニティ」という言葉は、地理的地域や関心対象が同じ身近な人々の集団を表す概念となった。

　ソサイエティとコミュニティは次のような違いがある。ソサイエティは公式組織への法的契約で生じる形式的関係が中心でメンバーの絆は比較的弱い。一方、コミュニティは非公式集団への自由参加で生じる個人的関係が中心でメンバーの絆は強い。また、コミュニティと同じ「共有」を意味するラテン語communisからコミュニケーションという言葉が生まれた。

　コミュニケーションの本質は共有にある。人数が2人の対話では、発信と受信を交互に行う。2人の仲が親密になるコミュニケーションかそうでないかの違いは、発信と受信に好意が伴うかどうかだ。発信者の好意ある共有に対し、受信者が謝意を含む共感を交わす。親密なコミュニケーションではこうした善意の共有共感関係が成立している。

　では人数が3人、4人と増えた場合どうなるか。例えば、4人で一緒に遊びに行く場所を決めるケースを考えてみる。ある

1人が考えて共有した発案を、その他3人が受信し共感を示す。ここで重要なのはその共感の大きさだ。発案は、共感の多いものとそうでないものに分かれ、最も多くの共感を集めた発信者の案が採用されるだろう。このように「共感を集める共有」が上手な1人がコミュニケーション上のリーダー的存在となり、苦手な人はフォロワー的存在となっていく。

リアルの共感集めでは関係性による忖度が働くこともある。共感していないのに表面上支持する場合などだ。その場合は健全な共有共感関係が働かず、リアルでは共感の輪が拡散しにくい。一方でSNSでは「共感を集める共有」の重要性は高い。オンライン上では共有が苦手な人が情報発信を強制されることはない。情報共有しなくても、SNS上に発信された特定分野の情報が集まっているコミュニティに"読む専"で関与してもいいし、自分自身も積極的に情報発信してコミュニティ内のメンバーと関係性をつくってもいい。居心地が悪くなれば一方的に距離を置くことも許される。そのため善意の共有共感関係が成立しやすい。SNS上のコミュニティは、このように自然発生した「共感を集める共有」情報に票が集まり、それらを多く生み出すリーダーへの興味や好意としてフォローが発生する。

彼らは自分の関心対象で得意なジャンルの情報、体験、感想を共有する。そして「イイネ」の数などのわかりやすい指標で賞賛が可視化され、満たされる。リーダー的存在は「共有の充実感」をモチベーションに発信者となる。また受信者はいい共有に対する「共感の満足感」でフォローする。このように共有共感関係は自由参加で非公式だから居心地の良いコミュニティ中心に大規模に発展するのだ。

リアルの人間関係を中心に忖度も働くソサイエティ。自由参加で善意の共有共感関係が自走し居心地の良いコミュニティ。

ネット上に飛び交う様々な情報も、ソサイエティ向け情報とコミュニティ向け情報に整理できる。経済・芸能・スポーツ・エンタメなどの国内外のニュース。企業やブランド、国が発信している情報。これらの公共に向けて発信された、情報源の根拠がある世の中ベースの情報を「パブリック情報」と定義した。パブリック情報は、リアルの人間関係中心に国全体や大規模な文化圏を表すソサイエティ向けの情報だ。

　一方、SNS 上には知人や家族、面識のない他人が発信する情報もある。みんなが知る必要はない、根拠に基づいている必要もない個人価値観ベースの情報を「プライベート情報」と定義した。プライベート情報は、自由参加で関心対象が同じ身近

図2-1　プライベート情報時代

調査すると、スマホからの情報は若者だけでなく
どの世代においても プライベート情報 が 6 〜 7 割を占める

スマートフォンやタブレットで見る情報を、「 プライベート情報 （知人や家族などの身近な人の情報）」と
「 パブリック情報 （経済・芸能・スポーツ・エンタメ・国内外のニュースや企業やブランド、
国が発信している情報）」と分けた場合、あなたがスマートフォンやタブレットを閲覧する際に、
それぞれの情報はどのような比率になりますか

(%)

	全体	男性10代	男性20代	男性30代	男性40代	男性50代	男性60代	男性70代	女性10代	女性20代	女性30代	女性40代	女性50代	女性60代	女性70代
PUBLIC	36.5	37.0	35.9	38.8	42.0	38.1	36.9	41.8	37.3	29.0	32.8	39.0	34.9	34.8	31.7
PRIVATE	63.5	63.0	64.1	61.2	58.0	61.9	63.1	58.2	62.7	71.0	67.2	61.0	65.1	65.2	68.3

強まる プライベート情報 の力
このファクトを念頭にプランニングしていかなければならない

*SEAMS 調査 全国（2023 年 2 月）

な人々の集団を表すコミュニティ向けの情報だ。

スマホやタブレットで見る情報を、プライベート情報とパブリック情報に分けた場合、情報接触比率はどうなっているのか。調査すると、プライベート情報とパブリック情報の比率は6：4で、特に女性20代はプライベート情報が7割を超えることがわかった（**図2-1**）。パブリックからプライベートへ。まさにプライベート情報時代の到来である。プライベート情報時代にブランドはどのようにつくられるのだろう。このテーマに向き合うべく、今度はブランド形成の本質探しの旅に出かけよう。

2 パブリック情報とプライベート情報

パブリック情報とプライベート情報は、ソサイエティやコミュニティと密接な関係にある。パブリック情報は公式な存在であるソサイエティの情報が中心。対してプライベート情報は非公式なコミュニティの情報が中心となる。そして2つの情報がどのメディアで発信されると思われているかの共通認識も重要だ。ソサイエティ向けのパブリック情報はマスメディア中心に発信されるはずと認識されている。またコミュニティ向けのプライベート情報はソーシャルメディア中心に発信されるはずと思われている。

こうした情報媒体ごとの固定観念を、釣り記事を読まされた読者の反応を例に説明したい。熟年離婚したばかりの大物芸人A氏が美人インストラクターに婚姻届けを渡すというタイトル記事。ヤフーのTop面に掲載されて興味を持ち、クリックして記事に遷移する。記事を読み進めるとA氏のYouTubeチャ

ンネルの企画で婚姻届けを単に渡しただけと判明する。この記事に対するコメントが「釣られた〜」である。この釣り記事はパブリック情報とプライベート情報を巧みに誤認させることで成立している。始めから A 氏の YouTube 企画だとわかる情報発信をすればプライベート情報と認識される。多くの人にとって興味の薄い内容の記事なのでスルーされやすい。一方、離婚したばかりの A 氏の再婚を暗示する情報発信はパブリック情報だ。「おっ、これは知らなければ」と飛びついて、思わずクリックしたくなる。

　パブリック情報が発信されるべきという共通認識を持つヤフー Top 面での発信情報が実はプライベート情報だったという誤認。「釣られた＝無駄な時間を消費させられた」という反応が起きる。このように情報媒体にはパブリック情報とプライベート情報のどちらがふさわしいかという暗黙の共通認識が接触する各メディアごとに存在しているのだ。

　マスメディアの役割の 1 つは報道である。みんなが知るべき、根拠に基づいた世の中ベースの情報を伝える使命がある。世論を中立の立場で発信する。例えば、少子化問題対策の予算拡大についての議論を情報発信するケース。賛成派と反対派を化学の酸性とアルカリ性に例えて説明したい。賛成派で癖の強い意見を持つ強酸性の A 氏、反対派で癖の強い意見を持つ強アルカリ性の B 氏を起用。そこに世論に近い中性の C 氏の意見を盛り込む。こうした編集により世の中の両端と真ん中をわかりやすく伝える。番組全体では中和された大局観のある安心中和コンテンツを届けることができる。世の中全体の大局や世論の中心を暗示した演出でパブリック情報という体裁を取るのだ。

　一方、ソーシャルメディアでは全く違うことが起きている。

図2-2 「パブリック情報」と「プライベート情報」

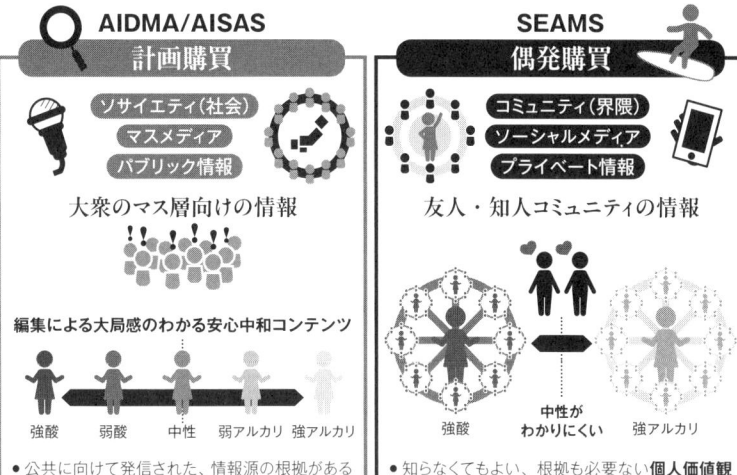

マスメディアは大衆マス向けの **パブリック情報** の発信が使命
ソーシャルメディアは家族・友人・知人コミュニティの **プライベート情報** の発信が活動の中心

AIDMA/AISAS

計画購買

- ソサイエティ（社会）
- マスメディア
- パブリック情報

大衆のマス層向けの情報

編集による大局感のわかる安心中和コンテンツ

強酸　弱酸　中性　弱アルカリ　強アルカリ

- 公共に向けて発信された、情報源の根拠がある世の中ベースの情報
- 濃い個性が**バランスよく編集**され、主題の「普通」がわかりやすく中和されて大局観のある安心できる情報

SEAMS

偶発購買

- コミュニティ（界隈）
- ソーシャルメディア
- プライベート情報

友人・知人コミュニティの情報

強酸　中性がわかりにくい　強アルカリ

- 知らなくてもよい、根拠も必要ない**個人価値観ベース**の情報
- 個性の濃い情報ばかり消費され、主題の「普通」がわかりにくく極端に偏りのある中毒性の高い情報

世論に近い中性的な情報は当たり前すぎて興味を持たれず、そもそも視聴数が伸びない。ソーシャルメディアでは個性が強く、極端に偏りのある中毒性の高い情報ばかりが消費される。結果としてソーシャルメディアでは強酸や強アルカリの世論とかけ離れた両端の情報が視聴されやすいのだ。

　このようにマスメディアは大局や世論を暗示するパブリック情報が中心、ソーシャルメディアは偏った中毒性の高いプライベート情報中心という構造が生まれる（**図2-2**）。そして1日に2,600回触れるスマホ上の情報接触は、中毒性の高いプライベート情報が6割超を占め、若年層ほどその割合がさらに

高まる。プライベート情報の影響力が大きいことは容易に想像できるだろう。

3 CB（企業ブランド）と UB（ユーザーブランド）

　プライベート情報はみんなが知る必要はなく、根拠に基づく必要もない個人価値観ベースの情報だ。それでも一旦興味を持てば、中毒性が高く発信者との絆も強まっていく。こうしたプライベート情報はブランドイメージにどのような影響を与えるのか。ある商品のユーザーが発信する使用実感やレビューなどのプライベート情報を UGC と呼ぶ。一般ユーザーが作成しネット上に公開したあらゆるコンテンツの総称だ。UGC とブランドイメージの関わりを、ユニクロを例に説明したい。

　ユニクロがサザンオールスターズの楽曲で綾瀬はるかさんを起用したヒートテックの TVCM を放映している。「毎日の生活に役立つシンプルで高品質な LifeWear」というブランドイメージは、ユニクロがマスメディアで発信するパブリック情報だ。CGC ＝コーポレートジェネレーテッドコンテンツとも言える。こうして CB（企業ブランド）がソサイエティに蓄積していく。

　一方でユニクロを利用する多くのユーザーがユニクロの様々な商品を利用して自身の推奨するコーディネート情報をInstagram に発信する。シンプルな白のトップスはどんなシーンでも活躍の万能アイテムで、夏のオシャレを格上げしてくれる。SNS ではこのように独自のセンスで共感集めを競い合うように発信が飛び交う。こうしてユーザー発信の UGC で生ま

れるユニクロのイメージ、すなわち「UB（ユーザーブランド）」がコミュニティに蓄積していく。

これらが対の概念である。

　プライベート情報がブランドイメージに与える影響とはつまり、UGC が生み出す UB（ユーザーブランド）だ。同じ質問項目を継続的に調査している d-campX という電通独自のデータを使い 2018 年から 2022 年の 4 年間の推移を見ると、「使用者の感想」や「人の評判」など、UGC の影響力は年々大きくなっていることが判明した（**図2-3**）。

「買物をする前に使用者の感想などを調べる」は 57.8％から 72.4％に伸長。また「買物する際にはその商品についての人の評判が気になるほうだ」は 51.0％から 59.6％に伸長した。買物に対する UB（ユーザーブランド）の影響力は増え続けているといえるだろう。また、SNS 閲覧後の行動として「商品やサービスをネットのショップで購入・予約した」という項目が 4.3％から 11.6％に伸長。ソーシャルメディア上でプライベート情報を参照し、EC で購入する人が増え続けているということだ。

　スマホの情報接触がプライベート情報中心に移行する中で、ブランドイメージ形成のメカニズムも変わりつつある。もはや

図 2-3 「人の評判」や「使用者の感想」が重要になり、SNS や Twitter (現 X) の購買への影響力が増している

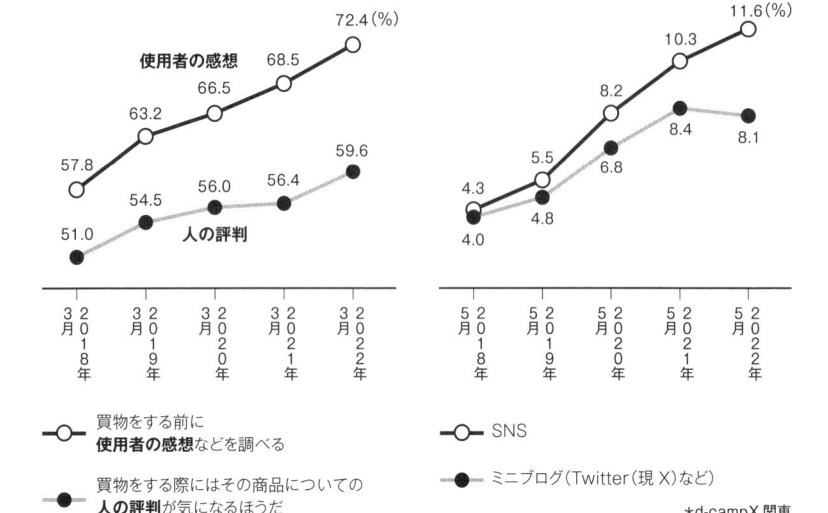

「インターネットサイト閲覧後行動」
商品やサービスをネットのショップで購入・予約した

左グラフ（使用者の感想・人の評判）
- 使用者の感想：57.8 → 63.2 → 66.5 → 68.5 → 72.4 (%)
- 人の評判：51.0 → 54.5 → 56.0 → 56.4 → 59.6

右グラフ（SNS・ミニブログ）
- SNS：4.3 → 5.5 → 8.2 → 10.3 → 11.6 (%)
- ミニブログ：4.0 → 4.8 → 6.8 → 8.4 → 8.1

横軸：2018年3月・2019年3月・2020年3月・2021年3月・2022年3月（左）／2018年5月・2019年5月・2020年5月・2021年5月・2022年5月（右）

―○― 買物をする前に**使用者の感想**などを調べる
―●― 買物をする際にはその商品についての**人の評判**が気になるほうだ

―○― SNS
―●― ミニブログ（Twitter（現 X）など）

＊d-campX 関東

CB（企業ブランド）だけでブランドは語れない。UGC が生み出す UB（ユーザーブランド）も考慮する必要があるのだ。

4 | 企業とユーザーが共創する プライベート情報時代の ブランド理論

　これまで一般的なコーポレートブランディングでは、パーパス、ミッション、ビジョン、バリューなどを策定して企業の長期的な目標や社会的使命を明確化、一貫したメッセージを発信して企業のブランドイメージの浸透を図ることが行われてき

た。企業主語の情報発信でCB（企業ブランド）をつくる活動がブランディングの中心だったといえる。

　一方、プライベート情報時代は、企業主語のCGCよりユーザー主語のUGCに触れる機会のほうが多い。そしてCB（企業ブランド）とUB（ユーザーブランド）のサンドイッチで企業のブランドイメージはつくられるようになった。こうしたブランド形成をCB×UBサンドブランド理論として提唱したい。

　このような環境下では、企業にもユーザーが主語の情報発信、UB（ユーザーブランド）との関わりが求められ始めている。プライベート情報が力を持つことによって、PRもパブリックリレーションを考えるだけでなく、プライベートリレーションも設計する必要が出てきたといえる。

　その1つのやり方として、UB（ユーザーブランド）の文脈を活用し、公式コンテンツのキャンペーンを提供する方法がある。例としてマクドナルドの事例を紹介したい。マクドナルドでポテトが揚がる時に店内に聞こえるフライヤーの音。この「ティロリ♪」音が実はモーニング娘。の『恋愛レボリューション21』の楽曲内サウンドと類似している——それに気づいたユーザーが楽曲リミックス動画を2009年ニコニコ動画に投稿した。すると、誰もが聞いたことのあるサウンドの認知度と音のユニークさで拡散。ネット中心にマクドナルドユーザーによる自然発生のUB（ユーザーブランド）が生み出された。

　この時点では「ティロリサウンド文化」（と呼ぶことにする）はマクドナルドユーザーによる自然発生のUB（ユーザーブランド）であった。日本マクドナルドでは、このブランドアセットを活用し、公式コンテンツ化したキャンペーンを展開。2019年にTikTokの動画投稿で「＃ティロリチューン」を実施。パブリック情報として企業公式のコンテンツCGCとして発信し、若年

層の支持を得ることに成功した。

　これは、UB（ユーザーブランド）を尊重して企業がキャンペーン展開することで、CB（企業ブランド）× UB（ユーザーブランド）の融合を図った好事例といえるだろう。

5　ブランドサンドイッチ理論の実例と実践

　ここからは、CB × UB サンドブランド理論の具体的な戦略と事例を通じて、「CB ／ UB の共存状態をマネジメントする」ことで企業がどのようにブランド価値を最大化できるかを探る。

　なお、よく誤解を招きやすいので先にお伝えすると、UB（ユーザーブランド）のつくり方が重要なのではない。CB（企業ブランド）が状況に応じてプラットフォームや発信を変えるなどして、CB（企業ブランド）と UB（ユーザーブランド）の理想的な共存状態をつくることが大切である。

　サンドイッチにも様々な種類が存在するように、サンドブランドの構築のあり方も種々存在する。それが命を扱うような商材なのか、はたまた気分を高めるための嗜好的商材なのか、生活において必要不可欠な商材なのかなど、商材やブランドの目指す方向性によって整理できると考えている。

　特徴的なものを 4 つ紹介する。「憧れ創出型サンド」「検討寄り添い型サンド」「フレンドリー創出型サンド」「アレンジ創出型サンド」である。

憧れ創出型サンド

　生活必需品ではない嗜好品やホテル、高級車など主にラグジュアリーブランドと呼ばれる領域で見られる。機能的価値を抜きにユーザーに「憧れの対象」として認識されることで、購入意欲を高める点が特徴である。

　かつて、ラグジュアリーブランドは歴史や伝統、セレブリティとの関連性、エクスクルーシビティを広告コミュニケーションで強調することでブランドの価値を高めてきた。だが情報回遊時代において、憧れを生み出すスタイルは変わりつつある。増えたのは、雑誌やSNSでインフルエンサーをアサインし、彼らが日常で使う様子を描くことで、「身近な憧れ」をつくり出す試みだ。そうすることで、「購入意欲」を広く刺激することができる。

　例えば、2023年にあるラグジュアリーブランドが新店をオープンした際、SNSで影響力のあるkemioがイベント参加の投稿をした。kemioはユーモアのあるネタ投稿やトークで

図2-4　憧れ創出型サンド

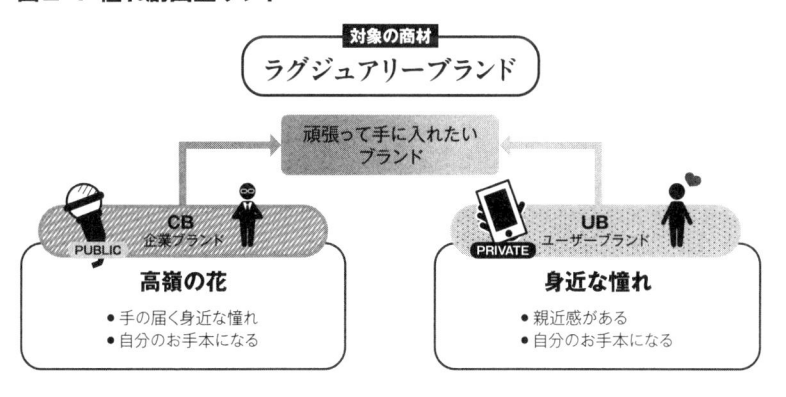

若者に人気があり、YouTube のチャンネル登録者数が 200 万人を超えるインフルエンサーだ。

この投稿では、「ゴージャス過ぎる店内にドキがムネムネ」とラフな文と共に投稿。kemio ならではの言葉遣いに、ファンが喜ぶ投稿内容となっている。

かつてのように、高嶺の花を体現するようなきらびやかな俳優やモデルだけではなく、インフルエンサーもこうした場に招かれるようになっている。ここから、広告では出てこないであろう表現（ドキがムネムネ）が UB（ユーザーブランド）として投稿され、「身近な憧れ」を創出している。

ただ、ここで忘れてはいけないのは、もう一方の CB（企業ブランド）のあり方である。こちら側では引き続きブランドの高級感やエクスクルーシビティを強調することで、消費者にとって特別な "高嶺の花" という認識をつくっていく必要がある。確固たる "高嶺の花" のブランドがあるからこそ、UB（ユーザーブランド）側から「身近な憧れ」に見せる仕掛けが効く。ユーザーの「私も欲しい」という購買モチベーションを高め、「頑張って手に入れたいブランド」となるのだ。

検討寄り添い型サンド

乗用車や戸建住宅、家電など高価で購買検討期間が長い商材で見られる。特徴は、ユーザーの「回遊検討期間」に合わせた緻密なサンドイッチ戦略だ。Instagram で写真を検索する、YouTube で実際の使用感を探す、Amazon でレビューを確認する、数多ある個人運営のサイトのランキングを見る、機能や値段について口コミを SNS 上で探す。検討期間が長いということは、あらゆるプラットフォームであらゆる情報を回遊する（＝回遊検討）ことになる。すなわち、「納得で満たされる」状態

図2-5 検討寄り添い型サンド

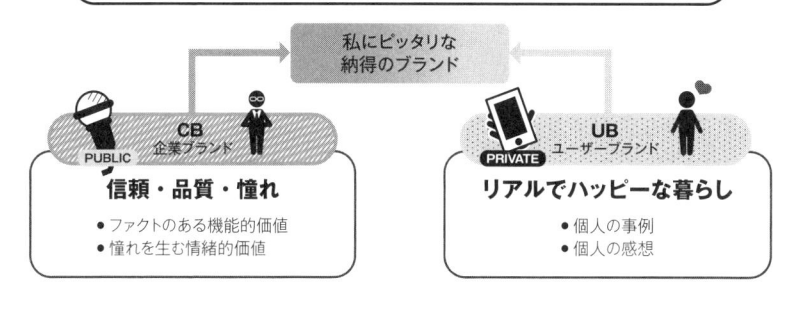

をつくらないと購入に至らない。

　CB（企業ブランド）側では、とにもかくにもブランドのカッコよさや信頼性、品質をプラットフォームに合わせて強調することが大切だ。Instagramでは「かっこいい」「素敵」など右脳に語りかける情報を発信すべきだし、YouTubeでは深い機能価値、TikTokではライトな機能価値を発信するのがよい。

　一方、UB（ユーザーブランド）においては商品を購入した時の暮らしがイメージできることが大切である。ユーザーに実体験やレビューを各種プラットフォームに合った形で共有するよう促していくことで、暮らしのイメージが具体化していくのだ。CB（企業ブランド）・UB（ユーザーブランド）双方に接する中で、納得と将来の両方のイメージが積み上がり、購入意欲が高まっていく。

　事例として、第1章でも登場した一条工務店を挙げる。TVCMなどマス広告を多く実施せず建築戸数を上げ続けている一条工務店は、消費者に対する信頼性と納得感を高めるため、あらゆるプラットフォームで施策を展開している。

一条工務店の公式サイトやカタログ、住宅展示場では、CB（企業ブランド）として安心感を生み出すことに注力。公式サイトでは床暖房システムや省エネ性能などの情報や顧客の声が数多く紹介されており、消費者は安心感を得ることができる。

　とはいえ、ここまでは他のハウスメーカーとあまり変わらない。実はその特徴は、圧倒的な UB（ユーザーブランド）にある。

　UB（ユーザーブランド）を構成する SNS 上の口コミは、さまざまな工夫によって生み出されている。一条工務店の全国の展示場数はハウスメーカーの中でもトップで、消費者が実際に住宅の性能や快適さを体感する機会を作ることに注力している。展示場の特徴のひとつに、キッチンや収納などを独自開発・生産し仕様を共通にしていることがある。他メーカーと違い、同社ではモデルハウスに備えつけられた機能や設備が標準仕様となっているため、その場での体感が購入の納得感につながりやすいのだ。

　この特徴が、UB（ユーザーブランド）の醸成につながっている。一条工務店で家を建てる施主は、SNS で「家アカウント」を作り、自宅が建つ過程や住み始めた後の使用感を投稿する人が多い。それも、主要な設備（キッチン・収納など）が共通仕様であるためにユーザー同士で共感を呼びやすいからだと考えられる。こうした投稿によって、他の消費者にリアルな使用体験を伝えることができ、リアルでハッピーな暮らしのイメージが膨らんでいく。

　ユーザーが自身の住まいを SNS で実際に投稿していることは、ブランドの信頼性と納得感をさらに高める効果もある。

　このように、効果的に CB（企業ブランド）と UB（ユーザーブランド）のサンドイッチにより納得を積み上げ、ブランド価値を最大化するのが検討寄り添い型サンドだ。

図2-6 フレンドリー創出型サンド

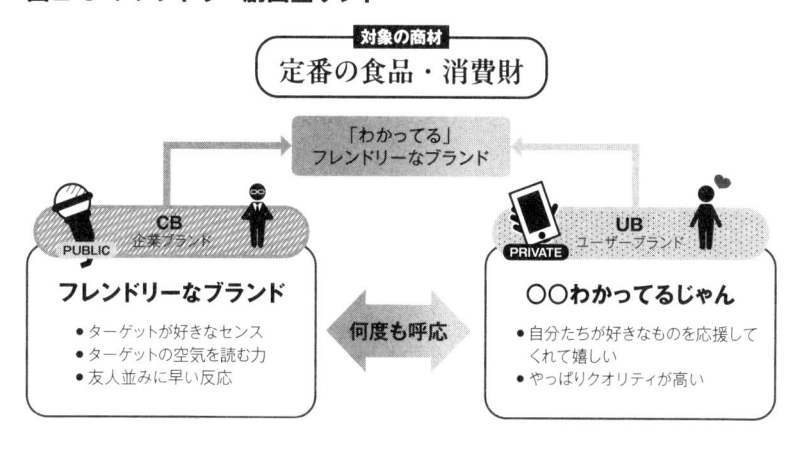

フレンドリー創出型サンド

　ここ数年、ネットミームのような「内輪ネタ」を使った TVCM をよく見かけるようになった。わかりやすいのは日清食品のカップヌードルブランドである。SNS 上の人気コンテンツと連携した CM で話題化し、認知度を高める。日経 BP コンサルティングの実施するブランド価値調査「ブランド・ジャパン 2024」の一般生活者編では「CUP NOODLE カップヌードル」が 4 位に入ったが、特に「フレンドリー（親近性）」「アウトスタンディング（卓越性）」で高評価を獲得している。

　SNS 上の人気コンテンツを CM に使うことで、CB（企業ブランド）側ではターゲットフレンドリーなブランドであるというメッセージを伝え、UB（ユーザーブランド）側からは「やっぱりわかってるじゃん！」というバズを生み出す。そうすることで、若者の間に「自分たちのことをわかっているフレンドリーなブランド」というイメージをつくり出す。

カップヌードル ✓
@cupnoodle_jp

話題の「カップヌードル炒飯」を先日5種類の味で作ってみたのですが、思った以上に好評だったので、今日は朝から張り切って全種類作ってみました。#カップヌードル炒飯

午前10:31・2020年2月3日

💬 158　　🔁 1.2万　　♡ 4.2万　　🔖 780

ユーチューバーの料理動画から生まれた
日清食品の「#カップヌードル炒飯」投稿

　フレンドリー創出型サンドの企業の振る舞いで重要なことは、「センスがある」こと、「空気が読める」こと、「早く反応する」ことだ。すなわち、友人仲間でも誰もが一目置く人気者になることなのだ。

　例えば、日清食品が2020年3月に行った「#カップヌードル炒飯」施策はそのスピード感が（大企業にあって）尋常ではない。あるユーチューバーがカップヌードルを使ったチャーハンの料理動画を公開すると、それを見た日清食品の担当者はその日のうちにユーチューバーに連絡を取り、許可を得た上でカップヌードルの公式アカウントに掲載。さらに全15種類の味で作ったチャーハンをランキングするなど、「公式化」した上で拡散したという。

　カップヌードルを使ったアレンジレシピは茶わん蒸しなど他

のレシピを生み、さらにチキンラーメンなど別の商品にも波及した。コロナ禍でストックした即席麺を食べ飽きることを防ぐ要因にもなった。

フレンドリー創出型サンドは、ユーザー側の文化に公式が乗っかり、その乗っかりが新たな「わかってるじゃん」とブランドフレンドリーなUB(ユーザーブランド)を生み出す。UB(ユーザーブランド)とCB（企業ブランド）がいつの間にか融合することで、好スパイラルを生み出していくのだ。大切なのは単発ではなく何度も呼応し続けることにある（一目置かれる人気者は、大変なのである）。

アレンジ創出型サンド

UB（ユーザーブランド）における「○○で買ったほうがいいランキングベスト10」「○○を使ったレシピ」「○○を使ったコーデ」などに代表される定型のUGCをしっかりと生み出すことで、CB（企業ブランド）とUB（ユーザーブランド）の融合を生み

図2-7 アレンジ創出型サンド

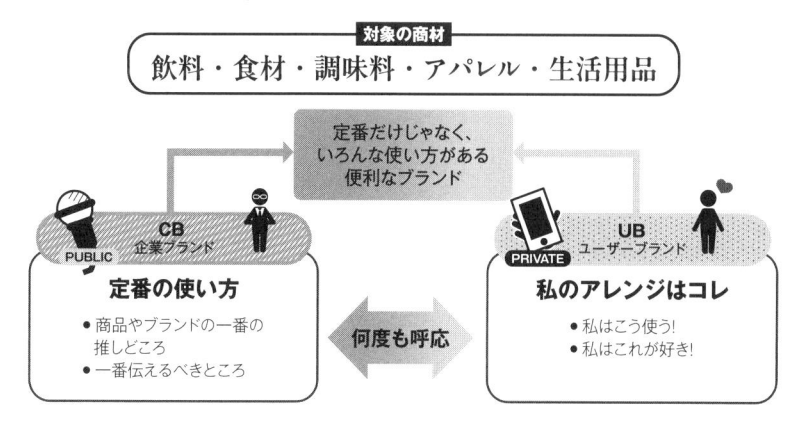

出す型である。

アレンジ創出型サンドで大切なのは、TVCM やマスキャンペーンでは伝えきれない商品の魅力や使い方を UGC でカバーすることである。そのため、UGC 創出のためのお題やハッシュタグ・ネタ投下が重要になってくる。

「お、ねだん以上。ニトリ」のサウンドロゴでお馴染みの TVCM を放送するニトリ。季節性の商品やイチオシのシチュエーションを TVCM で扱いながらも、TVCM では扱えないようなニッチな商品や使い方を UGC 創出で担保している。

「#ニトリで見つけた」というハッシュタグを通じて、ユーザーがニトリの商品を使ったインテリアコーディネートや使用方法を X に投稿するよう促す。公式アカウントでは、その投稿を引用リポストし、商品詳細ページのリンクをつけることで、購入を促進している。この取り組みは、ユーザーが実際に使用している様子を共有することで、ブランドの信頼性と親近感を高めると同時に、マスでは扱えないニッチな商品や使い方をユーザーの力を使って発信していることになる。

ここでポイントになるのは「#ニトリで見つけた」というコピーにある。「見つけた」というユーザー主語の言葉を使うことで、ユーザーが投稿するモチベーションを高め、ニッチな商品や使い方をユーザーに発信してもらうことも実現している。CB（企業ブランド）と UB（ユーザーブランド）の補完関係が成り立っているところが「#ニトリで見つけた」の秀逸な点である。

ここで紹介した以外にも、CB（企業ブランド）・UB（ユーザーブランド）共存の型は存在しているだろう。本パートでお伝えしたかったことは、知ろうとすればいくらでも情報を摂取することができる今、CB（企業ブランド）だけでマーケティングが

成立すると思わないほうが良いということだ。TVCM が言っていることを「きれいごと」と捉えるユーザーは増えているし、TVCM を見て検索して、ダメなレビューを最初に見つけるだけで離脱が発生してしまうこともある。そんな現代においては、CB（企業ブランド）・UB（ユーザーブランド）の共存状態をマネジメントすることが大切である。

　まず TVCM を考えて、その後 TVCM と関連性のある UGC 創出キャンペーンを企画するというベルトコンベア式のプランニングをする時代は終わっている。現状の UB（ユーザーブランド）はどうか？それを補強、または高めるための CB（企業ブランド）はどうあるべきか？はたまた UB（ユーザーブランド）を高めるためにはどんな戦略を取れば良いのか？などと発想を変えていく必要がある。

 6　ブランドフォーメーションデザイン

　ここからは、CB（企業ブランド）と UB（ユーザーブランド）の理想的な共存状態をつくるためのプランニング手法「ブランドフォーメーションデザイン」の話に移る。実践的な領域に踏み込むため、若干複雑な話になることをご了承いただきたい。

　ブランドフォーメーションデザインは、様々なターゲット・様々なプラットフォームにおいていかに CB（企業ブランド）と UB（ユーザーブランド）の理想的な共存状態をつくるか？を目指して体系化したものである。つまり、CB ／ UB 戦略にターゲットセグメントとプラットフォームごとの戦略を掛け合わせたものである。また、検討行動において重要な場所であるミドルファ

ネルの設計をメインとしたものになっている。

できるだけイメージがしやすいよう、今回は検討期間が長いハウスメーカーを例にとって実践シミュレーションをしてみたい。

フローは以下の4つだ。マーケティングにおける WHO ／ WHAT ／ HOW の手法をベースとし、情報回遊時代に合わせている。

1. CB ／ UB の理想的な共存状態を描く
2. CB で伝えるべきこと・UB で伝わってほしいことを描く（WHAT）
3. ターゲットをデータドリブンにセグメンテーションする（WHO）
4. ターゲットの情報摂取場所を想像し、どこで誰に何を伝えるべきかのフォーメーションを描く（HOW）

1. CB ／ UB の理想的な共存状態を描く

まず初めに行うべきことは、CB と UB の理想的な共存状態を描くことだ。

人生の中で最も大きな買い物である住宅購入は、検討期間も長く、資産性・構造・環境性能・担当者との相性など考慮すべきことも多い。信頼感や憧れのブランドでありながらも、同時に住んだ時のイメージができる「自分向きのブランドである」ことも大切だ。そこで CB と UB の理想的な共存状態を「私にピッタリな納得のブランド」としてみる。

2. CB で伝えるべきこと・UB で伝わってほしいことを描く（WHAT）

住宅の購入検討者は検討期間中にサイトや SNS、口コミ検

索など様々なプラットフォームを行き来しながら、資産性や構造などの左脳情報と「こんな空間に住みたい！」などの右脳情報を行き来する。この段階では、CB でどんな情報を伝え、UB でどんな情報が伝わってほしいかを左脳情報と右脳情報に分けて整理する。左脳と右脳で分ける理由は、後ほど描く「どのプラットフォームで伝えていくか」という部分で必要になってくるからである。

CB で伝えるべきこと
→左脳情報
・構造のファクト
・環境性能のファクト
・資産性のファクト
・歴史のファクト　など

→右脳情報
・情緒価値／ブランドメッセージ

UB で伝わってほしいこと
→右脳情報
・リアルな暮らしのイメージ
　インテリアにこだわった暮らし／外観にこだわった暮らし／キッチンにこだわった暮らし／2 世帯の良さにこだわった暮らし　など

3.　ターゲットをデータドリブンにセグメンテーションする（WHO）
　続いてターゲットセグメントのペルソナを描いていく。今回

図2-8 住宅検討層のセグメント一覧（例）

	住宅についての重視点	性年代	暮らし・性格・人付き合い意識
安全重視セグメント	家は耐久、耐震性。防犯や断熱も。とにかく機能が第一でしょう！ ●高い耐久性を誇ること ●高い耐震性を誇ること	男性多め、30-40代がボリュームゾーン	●小さな子がいる ●家族を守りたい
資産度重視セグメント	家は、資産。企業・ブランド価値や、地域の街づくりまで見て決めたいよね。 ●ステータスのある地域であること ●ステータスの高いブランドの物件であること	40〜50代男性	●早いうちに資産を形成したい
低価格重視セグメント	少しでも安く。最低限の品質があれば、価格が抑えられるほうがいいんです！ ●とにかく価格が安いこと ●できるだけ安く済む物件を選びたい	男性30代が中心	●気が合う人とだけ、一緒にいたい
自然環境重視セグメント	家づくりも、環境に配慮しながら。自然を感じる庭や屋外空間をつくりたいなあ。 ●自然や環境に配慮した工夫がある ●ルーフトップバルコニーや庭など室外空間が広いこと	男女ほぼ半々。60代以上	●都会的な暮らしも、自然豊かな暮らしも、両方楽しみたい
デザイン重視セグメント	家づくりは自己表現!?少し値が張っても、細部までこだわるぞ！ ●値段が高くてもインテリアはデザインがいいもので揃えたい ●自分のこだわりを間取りに反映できること	男性30代が中心	●個性的な人生を送りたい

は電通独自のデータベースから住宅検討層を抽出し、「購入重視点」をキーとしてクラスタリングした。例えば以下の5つのセグメントが出てきたとする（**図2-8**）。

　このセグメントそれぞれに対して、どんな WHAT が刺さる

のか（キラー WHAT）を設定していく。

安全重視セグメント
　→構造のファクト
　→環境性能のファクト
資産度重視セグメント
　→資産性のファクト
低価格重視セグメント
　→資産性のファクト
自然環境重視セグメント
　→リアルな暮らしのイメージ
　・庭を活かした暮らし
デザイン重視セグメント
　→リアルな暮らしのイメージ
　・ファサードにこだわった暮らし
　・家具との相性にこだわった暮らし　など

4.　**ターゲットの情報摂取場所を想像し、どこで誰に何を伝えるべきかのフォーメーションを描く（HOW）**
　次に、プラットフォームの特徴を考慮しながら、どのプラットフォームとどの WHAT が相性が良いかマッピングを行っていく（**図 2-9**）。

　①プラットフォームの特徴を描く
　YouTube
　ショート：左脳×ライトな情報
　通常動画：左脳×右脳×しっかり情報

TikTok

左脳×ライトな情報

Instagram

右脳×ライトな情報

図2-9 ブランドフォーメーションデザイン

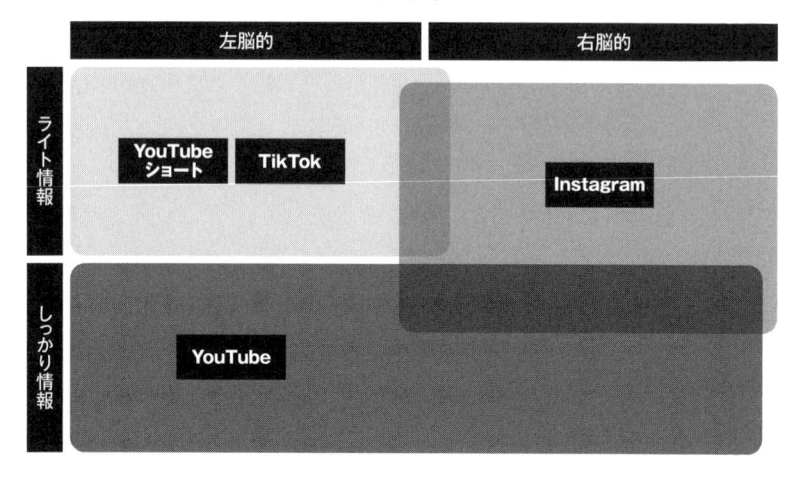

② WHOと WHATをプロットする

　1 〜 4 のプロセスをもとに、各プラットフォームごとに、CB ／ UB どちらを生み出していくか、どのターゲットにアプローチするか、どんなコンテンツを用意するのか？をフォーメーションデザインしていく（**図 2-10**）。こうすることで、どのプラットフォームでどんな情報や UGC を生み出せば良いのかの指針を自ずと得ることができる。

図2-10 ブランドフォーメーションデザイン

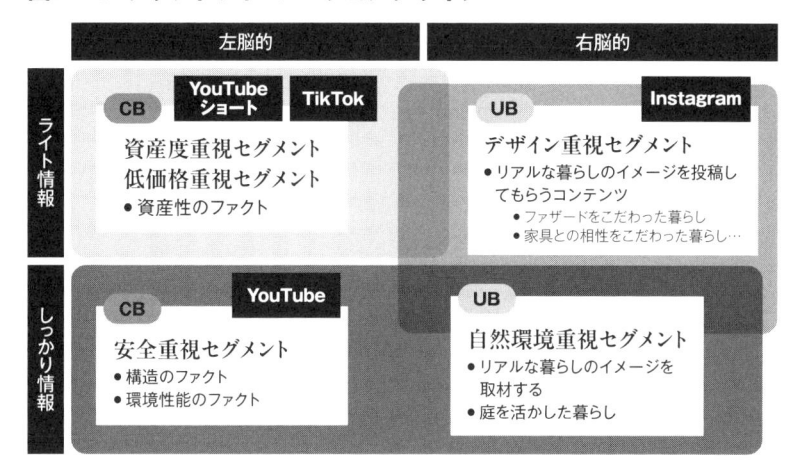

様々なターゲットが、多様なプラットフォームを行き交う情報回遊時代において、ユーザーとブランドの接点を完全に設計しきることは、とても困難であると感じている。

ただ、このようにブランドフォーメーションをデザインすることで、ターゲットの優先順位や「ブランドとして何を伝えるべきか？」の優先順位、さらにはプラットフォームの優先順位を決めることが可能になり、溢れんばかりの情報の海の中でもプロジェクトを一歩ずつでも進めることができる航海図となるのだ。

トヨタが実践する"共感ドリブン"な
SNSコミュニケーション

トヨタ自動車の SNS 戦略において、副編集長として中心的な役割を担うトヨタ・コニック・プロの岸上康一郎氏は、トヨタのブランド共感度を高めることをミッションに、SNS を駆使した様々な企画を推進している。ユーザーとの対話を重視し、トヨタブランドの共感度向上を図る「トヨタグラム」の話題を中心に、話を聞いた。

UB（ユーザーブランド）形成に成功した「トヨタグラム」

トヨタ・コニック・プロの岸上氏が推進する「トヨタグラム」は、トヨタ車オーナーが自らの車を撮影し、「＃トヨタグラム」というハッシュタグをつけて Instagram に投稿する UGC 施策である。この企画は、2017 年にオーナー層向けの施策としてスタートし、ユーザーからの自発的な投稿を促すことで、80 万件以上の投稿を生み出す成果を挙げている。岸上氏によれば、企画の狙いは車のオーナーの販売店への来店促進、そしてフォロワーを介して若年層やキャンペーン接触者にトヨタの露出を広げ、共感度を高めることにあった。

トヨタグラムが成功した要因のひとつとして、Instagramのハッシュタグ文化を活用し、本書が提言する UB（ユーザーブランド）を形成した点が挙げられる。「車好き」という熱量の高い界隈の特性をうまく活かした企画といえるだろう。特に、トヨタの SUV「FJ クルーザー」に対するハッシュタグが自然発生的に広がり、ユーザー同士のつながりが強化されたことが、

みんなのトヨタグラム
#トヨタグラム Collection 公開!

「みんなのトヨタグラム」ウェブサイト。

広範なリーチを生み出した。

　立ち上げ当初はフォロワーエンゲージメントを取っていく目的でスタートしており、自社のカタログ素材やイベントをInstagram に投稿していた。しかし、投稿を続けていく中でマンネリ化したり、素材が集まらなかったりと、結果として投稿頻度やエンゲージメントが低下する負のスパイラルに陥っていく。その中で突破口となった企画が「グランドツーリング企画」だった。メーカー発信ではあるものの、絶景×ドライブというコンテンツをユーザーに提供して、行動を促すことに成功。結果として安定してエンゲージメントを獲得でき、ユーザーの態度変容スコアが急速に上がっていくことを実感したという。

　その後は徐々にリアルなユーザーの意見や評価が集まることで、トヨタのマーケティング活動にも貴重なフィードバックが得られるようになったそうだ。この初期の体験が、トヨタグラムの飛躍につながっていった。

　この経験から、岸上氏は SNS におけるインタラクティブなコミュニケーションの重要性を認識し、2021 年には「みんなのトヨタグラム」にリニューアルを行った。リニューアルの背景にあったのは、日進月歩で変化する SNS アルゴリズムやユーザーのコンテンツ制作技術の向上だ。これに対応するため、より精緻なユーザーインサイトを得るための施策が必要とされていた。

「みんなのトヨタグラム」では、ユーザーの興味関心を細分化し、それぞれに最適化されたコンテンツを提供することを重視している。また、熱量の高いユーザーを巻き込んで、継続的な参加を促進する仕組みも構築している。具体的には、個別のユーザー投稿に「イイネ」をしたり、ユーザーが自発的に参加するイベントで撮影した写真を「みんなのトヨタグラムスナップ」として特集したりと、地道で継続的なアプローチを続けている。承認欲求をくすぐりつつ、ユーザーの行動をサポートして界隈を盛り上げることで、ユーザーの巻き込みに成功したのだ。

　岸上氏は、SNS をプラットフォームとして活用する際、各 SNS の特性に合わせたコンテンツの配置と、ユーザーの参加ハードルを下げる工夫を行っているという。これにより、SNS 全体で一貫したブランドメッセージを伝えるだけでなく、ユーザーとの対話を通じてトヨタブランドへの共感度を高めることが可能になった。

　ユーザーの投稿は「コレクション」として写真がピックアップされていくが、車特有の炎上リスクへのケアや、ブランドとしてのクオリティコントロール、そして量を担保するサイトへの UGC の自動反映を実装しており、細やかな施策の組み立て

が重要といえるだろう。

こういったコンテンツは「ユーザー行動の見える化」になり、ユーザーの巻き込みにも一役買っているが、見える化という観点では愛車との付き合い方をユーザーに聞くインタビュー記事「みんなのトヨタグラム Story」にも力を入れている。

岸上氏は、「作られたものではなく、リアルな意見や新しい発見を見つけていくほうが面白いコンテンツになる」と語る。例えば 1980 年代から 90 年代に作られた少し古い車を「ヤングタイマー」と呼び、かっこいいファッションアイテムの一部として保有する 20 代の若者文化。こうしたユーザ発のトレンドを発見してヒントにする。また、プリウスに乗っているプロのサーファーを見つければ、あえてハイエースや SUV といった大きな車ではなくプリウスを選んだ理由をインタビューするなど、ユーザーの声をコンテンツ制作やマーケティング活動に活かしている。

こうした界隈を知り尽くしたコンテンツをちりばめていくことが、トヨタグラムの広がりを生み出しているということを、岸上氏は肌身で感じている。「みんなのトヨタグラムスナップ」の取材でイベント会場に出向いた際には、「トヨタグラム」を知っているユーザーが多いことを実感したという。

ユーザーの「行ってみたい」「知りたい」気持ちをサポートし、態度変容を促していくコンテンツが、ポジティブなトヨタグラムの情報波及サイクルを生んでいる。

トヨタブランドの共感度向上を目指すマーケティングの未来

繰り返しになるが、トヨタの SNS 戦略の最終的な目標は、トヨタブランドへの共感度を向上させることである。岸上氏は、この目標を達成するために、「共感度スコア」指標を設け、

SNS 上の様々な因子を細かく分析しながら日々の運用を行っているという。このスコアは、トヨタの投稿を見たことがあるかどうか、フォロワーかどうか、エンゲージメントの頻度など、複数の要素を組み合わせて検証している。

　岸上氏が SNS でのコミュニケーションにおいて注意を払っているのは、ブランドの「権威と目線のバランス」だ。公式アカウントからの「イイネ」や引用はユーザーにとって大きなモチベーションとなるが、その一方で「中の人」は登場させない点を徹底。「あくまで一定の距離感を保ち、属人的にならずに企業としてのサステナビリティを維持することも重要」という岸上氏からは、事業会社における「編集者」としての矜持を感じた。

　トヨタがユーザーとの対話をいかに重視しているか、強く感じたインタビューだった。今後も SNS を通じた様々な施策を通じて、トヨタブランドへの共感ムーブメントが連鎖していく未来が想像できるのではないだろうか。

プライベート情報時代の採用ブランディング

岩邊 駿

■ 1. 採用市場における就活生の意識

プライベート情報の影響力が高まる世の中で、企業が取り組むべき採用活動にも変化が起きている。日本国内の採用市場は少子化や生産年齢人口の減少に伴い、2014 年以降、売り手市場が加速している。厚生労働省が発表した 2023 年の有効求人倍率は 1.31 倍で、これは 1 人の求職者を 1.31 社で取り合っている状況を意味している。就職氷河期の頃とは違い、求職者が入社する企業を見定める状況にあり、企業は求職者のニーズに基づき、自社の価値を伝え、職場として選んでもらわなければならない。

では、求職者は職場として企業にどのような価値を求めているのか。ここからは、企業の人財採用の中でもボリュームの大きい新卒採用に絞って分析する。現在の就活生のボリュームゾーンは Z 世代である。そこで、経済環境と情報環境という 2 つの視点をもとに、Z 世代が求める価値を考える。

まず、経済環境について。Z 世代はバブル崩壊以降に生まれ、リーマンショック、コロナの拡大、ロシアの軍事侵攻など、数多くの世界危機の中、停滞する日本経済しか経験していない。経済成長している日本を見たことがないため、会社に入ったら、偉くなるためにみんなが共通の方向に向かって頑張る意識は薄い。大きな成長が見込めない環境であれば、個々人が目指すべき方向を見つけ、選んでいきたいという意識が強くなる。

電通が 2024 年 2 月に実施した調査では、新卒採用の就活

生の28％が「新卒で入社した後、転職するつもりがある」と回答し、12％が「転職に有利になるかどうかで就職活動でエントリーする企業を選ぶ」と回答した。ファーストキャリアで職場を選ぶ際、入社後にどのような経験が積めるのか、得られるスキルはどんなものか、転職を視野に入れてどんなキャリアパスが描けるかを重視している。

　次に、情報環境について。Z世代は、スマホの登場以降、情報が爆発的に増えた世の中に生まれ育っている。そのため、情報は「自ら取りにいくもの」ではなく、「選んで捨てるもの」という認識が強く、自分に必要なものをスピーディかつシビアに取捨選択している。Z世代の多くは、動画コンテンツの倍速視聴や切り抜き視聴を使って、限られた時間の中で効率よくコンテンツを楽しんでおり、「話題になっているものはとりあえず押さえておきたいから、倍速視聴で済ませる」という意識は若年層になるほど共感される。

　この意識は、就職活動にも大きな影響を与えている。売り手市場が加速する中で、1人がエントリーする企業数は年々減少しており、就活生は、自分の志望する業界・企業にある程度絞ってエントリーすることがほとんどである。このような状況下では、就活生は、自分に興味のない業界・企業の情報は、必要のないものとしてスルーしてしまう。

　また、就活生と企業の情報接点は、多様化・複雑化している。採用ウェブサイト、企業説明会、インターンシップ、採用パンフレット、OB＆OG訪問、広告等の企業からの情報接点もあれば、就職系メディアや、ビジネス系メディア、SNSなど第三者からの情報接点もある。また、コロナ拡大以降は、オンラインの情報接点も増えている。ここでも就活生は、効率的かつ効果的に情報が得られる接点を取捨選択している。

電通が 2024 年 1 月に実施した調査では、自分の志望度が低い業界・企業に関しては、手軽に情報収集ができるオンライン接点を好む傾向があり、志望度が高い業界・企業に関しては、より深い情報収集ができるリアル接点を好む傾向があることが明らかになっている。また、研究や学業が忙しい理系学生は、就職活動に時間を割けないため、必然的に大学の先輩やリクルーター、大学周辺の広告など生活動線上のリアル接点からの情報の影響の度合が高くなることもわかった。

　このような環境下で、プライベート情報が企業の採用活動に与える影響を考える。

■ 2. プライベート情報が与える企業の採用活動への影響

　就活生が企業を選ぶ上で、プライベート情報からの影響は大きい。2024 年 1 月に全国の大学 3 〜 4 年生を対象に実施した調査でも、就活中の情報収集に、親・先生・学校の先輩や友達といった第三者の口コミの影響が高いことが明らかになっている。企業が学生に内定を出す際に、保護者の確認を取ることを意味する「オヤカク（親確）」が広がっており、就活生の保護者に向けたパンフレットやウェブサイト等の企業紹介ツールを制作する企業も少なくない。

　なぜ、自分が働く職場を選択するのに第三者の口コミ情報を参考にするのか。就活生に聞いてみたところ、企業から発信される情報は、自社を肯定するポジティブな情報ばかりでかえって信頼しきれず、不安が残るため、プライベート情報である口コミからの情報が安心材料になっているという意見が多数だった。従業員による自社の職場の評価を集約するサービスや、SNS でも職場に対する口コミは増えており、口コミ情報にアプローチするのも簡単になっている。就活生が職場を選択する

上で、第三者の口コミ情報を参考にすることが今のスタンダードになりつつある。

　もちろん、就職先を決めることは、就活生の将来を左右する大事な選択であるが故に、第三者の口コミ情報だけで判断しているということはない。企業の目指すビジョン、企業が求める人物像、働く環境など、企業からのパブリック情報が無いことには、企業理解を深められず、候補から外れてしまうことも多いだろう。また、プライベート情報からの断片的な企業理解のみで入社してしまうと、入社後の人財ミスマッチが起こりやすく、離職にもつながり、就活生と企業の双方にリスクが大きい。

　企業が会社の未来を担っていく人財を獲得していくためには、ファクトに基づくパブリック情報と第三者からのプライベート情報、その両方の発信を両輪で設計していくことが重要である。職場に関する口コミは増えているが、断片的な情報や時には誤った情報も含まれることを考えると、企業の人財獲得につながる効果的なプライベート情報が自然に生まれ、浸透していくケースは稀である。プライベート情報の発信設計にも、戦略的に取り組むことが必要だ。

　ここで、就職活動に影響度の高いプライベート情報が生まれているコミュニティについて整理してみよう。学部や学科のクラス・研究室・ゼミ・サークル・体育会といった、学校生活を行う上で形成されたコミュニティ、就職活動をきっかけに志望する業界や企業単位で形成されるコミュニティ。他にも、親・兄弟・親戚といった影響力の大きなコミュニティが存在する。

　企業には、メディアや報道機関を介して情報を届ける従来のPR（パブリックリレーションズ）に加えて、前述のコミュニティを中心に人財獲得につながるプライベート情報を生み、就活生

に届けるプライベートリレーションズの視点が求められる。

　プライベート情報を生むための企業の取り組みは、「発信の起点」によって大きく2つに分けられる。プライベート情報が生まれるきっかけを、「企業からの発信」を起点につくるか、「従業員からの発信（沁み出し）」を起点につくるかの2つである（**図2-11**）。

　「企業からの発信」が起点となる場合として、電通が支援した伊勢半の施策を紹介する。伊勢半は、江戸時代から続く総合化粧品メーカーであり、確かな実績によって就活生からの選考エントリー数も多く獲得できていた。一方で、多様な人財の獲得（採用母集団の質の変革）が課題となっていた。そこで、多くの就活生が持つ問題意識に着目した。それは、多様性や個性が社会で尊重される中で、就職活動では個性を許さない画一的なメイ

図2-11　プライベート情報を生むための企業の取り組み

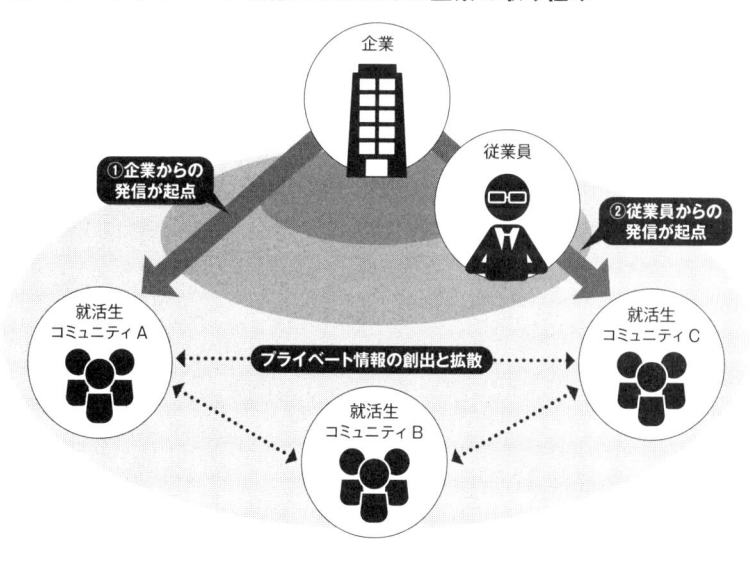

クや服装が求められることへの問題意識である。そこで新しい採用枠を設け、自由な服装・メイクで説明会や面接に参加できる「顔採用、はじめます。」という施策を就活生に向けて展開した。

　結果として、多くの就活生の共感を集め、SNS を中心に就活生による多くのプライベート情報を生んだ。この施策が就職先としての企業認知のきっかけとなり、エントリー数が前年の約 2 倍に増加、幅広い就活生からのエントリーを獲得することができたのである。

　次に、「従業員からの発信（沁み出し）」が起点となる場合として、人材業界の企業が取り組み例を紹介する。退職者を貴重な人財リソースと捉え、退職後もコンタクトを取り続け、組織化を進める企業は増えているが、その中でもこの企業は、退職者に独自の呼称を付け、退職後もコンタクトを取り、良い関係性を保つ企業として知られている。これにより、世の中に対して退職者がどんなキャリアを歩み、活躍しているかの可視化にもつながる。何より、退職者が伝道者となって、この企業の魅力を、求職者に伝えてくれる。パブリック情報だけでは安心材料に欠けるという声や、転職を見据えて新卒で入社する企業を選ぶ傾向も強まる中で、在籍経験のある人からの情報は就活生にとっても信頼性が高く、広く浸透しやすい。このように退職者を大事にする企業文化が、自社の魅力を就活生に届けるメカニズムをつくっている。

「企業からの発信」が起点となる場合、自社のコントロール下で発信できることや世の中への影響力は一定担保できるメリットとなる。しかし社会全体や就活生のニーズを適切に捉えられないと多くの就活生からスルーされてしまい、プライベート情報の広がりに至らないこともある。一方で「従業員からの発信

（滲み出し）」が起点となる場合、従業員を介して伝えるため、就活生にとって信頼性が高く安心材料になることはメリットだ。しかし社内の環境整備やインナーに向けたコミュニケーションも必要になることから、一朝一夕の発信が難しいことも多い。

　求職者優位の市場においては、就活生が職場を知る上で必要十分なパブリック情報を発信するとともに、「企業」と「従業員」という2つの発信起点を意識した取り組みでプライベート情報を生み、採用ターゲットに届けていくことが課題となる。

■ 3. プライベート情報時代の採用ブランディング

　採用ブランディングとは、他社とは異なる自社の職場としての価値を発信し、求職者に自社ならではの価値を伝える取り組みを指す。この採用ブランディングで大事なポイントは、企業の今を伝えるのではなく、企業が目指す未来を伝えるというところにある。企業の未来を担う人財を獲得する採用活動では、企業が目指す未来（ありたき姿）に共感する仲間を集めていくことが大事である。この部分で共感を得られないまま人財を獲得すると、入社後のミスマッチや離職につながりかねない。

　一般的に企業の広報や人事から発信されるコーポレートメッセージは、その企業の今を描くことに重点が置かれていることが多い。採用ブランディングは、経営層が自社の目指す未来（ありたき姿）を言語化する手段にもなると考えている。また、採用ブランディングにおける発信は、その企業で働く従業員の目にも触れる。企業の未来を描く発信は、従業員が自社の未来を考えるきっかけにもなり、従業員のエンゲージメント活性化や採用活動へのコミットメント強化にも一役を担うことができるのである。

また、新卒採用の早期化・通年化が加速していることや、人財の流動性向上に伴い中途採用のボリュームを増やしている企業が増えている動向を踏まえると、採用ブランディングのターゲットは、就職活動を行う大学生や一部の転職意向者だけではなく、大学生全体、就職活動を控える高校生、また、転職意向を持つ前の潜在層等、生活者全体に広がりつつある。

　パブリック情報を起点にプライベート情報を生み、発信するのに、採用ブランディングは非常に有効な手段である。なぜなら、企業が目指す未来の姿を「企業からの発信」を起点として、求職者を中心とした世の中全体へ届けていくことができるからだ。同時に「従業員からの発信（沁み出し）」も起点として、企業の職場としての魅力を届けていくことができるからである。

▋ 4. 事例：パーソルクロステクノロジーの新卒採用ブランディング

　電通では、企業への採用コンサルティングを専門とするチーム「採用ブランディングエキスパート」を設立し、これまで業界業種問わず、40 社以上の企業の採用活動を支援している。ここからは、実際に当社で取り組んだ採用ブランディングの事例をもとに、プライベート情報時代に求められる採用ブランディングのあり方を見ていきたい。

　紹介するのは、パーソルクロステクノロジーの新卒採用ブランディングである。パーソルクロステクノロジーは、2023 年 1 月に 3 社合併により設立された IT 及びモノづくり領域のテクノロジーソリューションを提供する BtoB のエンジニアリング企業だ。支援のきっかけは、経営戦略として、人財採用の強化（目標採用人数の増加）に取り組んでいたことだった。

　人財採用の強化において重要な点は、選考に応募する人数を増やしていくのはもちろんのこと、選考過程での離脱や内定辞

退をどのように抑えていくかという点である。売り手市場が加速する採用市場の中で、就活生1人が複数の企業から内定を獲得することがスタンダードになりつつあり、選考過程での離脱や内定の辞退をいかに減らしていくかに頭を悩ませる企業も増えている。これらの背景を踏まえ、パーソルクロステクノロジーの採用ブランディングの重点課題を、選考の歩留まり・内定承諾率の向上（人財獲得効率の向上）に位置づけた。

この課題解決のために行った取り組みを通じて、①ブランドのコアバリューとなるキーメッセージの開発、②このメッセージに基づいた企業起点・従業員起点の発信設計、という採用ブランディングの2つのポイントについて書いていく。

①ブランドのコアバリューとなるキーメッセージは、採用コンセプトや採用メッセージと言われることもある。キーメッセージの開発には、マーケティングでよく使われる3C分析のフレームを用いるのがわかりやすく、効果的だ。3C分析とは、「顧客（Customer）」「自社（Company）」「競合他社（Competitor）」の3つの視点を用いて市場環境を分析するフレームワークである。ここでは「顧客」は、就活生となり、「競合他社」は、採用競合となる。重要なのは、この3つの視点を用いて、「自社」ならではで、「採用競合」が訴求しておらず、「就活生」が共感するメッセージを開発することである。一見、当たり前に聞こえるかもしれないが、様々な企業のキーメッセージを調査・分析していると、実は自社の視点に偏ったメッセージを発信している企業が多い。結果として、競合他社でも訴求できるような発信、求職者の興味関心から外れた発信になってしまっている。

企業発信のパブリック情報であるキーメッセージを起点に、プライベート情報を生んでいくためには、中でも「就活生」視点の分析が重要である。パーソルクロステクノロジーでも、同

まだ見ぬ答えは、
「かける」の先に。

パーソルクロステクノロジーの採用ブランドキーメッセージ

　様の分析を行った。主な採用ターゲットである理系大学生・大学院生は、研究を通して専門分野を学んでいることが多く、就職先では学んだスキルを活かすこと、専門性の高いスキルを身につけることに対する高いニーズがある。これに対して、社名のクロスの意である「かける」をキーワードに、「まだ見ぬ答えは、『かける』の先に。」というキーメッセージを開発した。このキーメッセージを通じて、専門性の高い様々な技術や人財の掛け合わせによって顧客に独自性の高いソリューションを提供する同社の強み、そして、その過程で専門性が磨かれていく職場環境があることを伝えることが目的だ。

　次に、②キーメッセージに基づいた企業起点・従業員起点の発信設計である。前述の通り、就活生はその企業への理解度や志望度に応じて、情報接点を取捨選択していることから、企業としても様々な求職者のニーズを押さえたコンタクトポイントの設計が必要となる。パーソルクロステクノロジーでもパンフ

レットやウェブサイト、SNS広告施策、採用イベント等、キーメッセージを傘に各種施策を設計した。重点課題である選考の歩留まり・内定承諾率の向上（人財獲得効率の向上）を踏まえ、事業や業務への理解の醸成を施策設計のポイントに定めた。

　新卒採用において、就活生は業務経験がほとんどないため、採用選考の前に、事業や業務への理解を深めることができず、選考の過程や内定後にミスマッチを感じて離脱してしまうケースも少なくない。そこで、開発したキーメッセージを傘に、事業や業務を紹介するコンテンツ開発をすると共に、コンテンツ間の回遊動線を設計し、スムーズに就活生の理解を促し、共感を生む仕組みを整えた。また、就活生の保護者に向けた企業紹介パンフレットを制作し、就職先を決定する上で影響度の大きい保護者に対しても職場としての魅力を伝達することで、人財獲得効率の向上に取り組んだ。

　キーメッセージの開発に際しては、従業員の想いや考えを吸い上げて、反映していくことに注力した。具体的には、実際に現場で働く従業員を対象に、前述の「自社」「採用競合」「就活生」の視点を踏まえて、企業として求職者に伝えるべき価値を導出するワークショップを実施したのである。このワークショップを通して得られた示唆を踏まえてキーメッセージの開発を行うことで、発信の精度を高めると共に、従業員の採用活動に対するコミットメント強化や、従業員それぞれが考える自社の魅力を言語化する機会とした。これにより、従業員からの発信（沁み出し）を起点に職場の魅力を就活生に伝達していく環境を整えることができた。そして一連の採用ブランディング活動の結果として、選考の歩留まり・内定承諾率の向上（人財獲得効率の向上）と目標採用人数の充足を実現したのである。

図 2-12 採用ブランディングの全体像

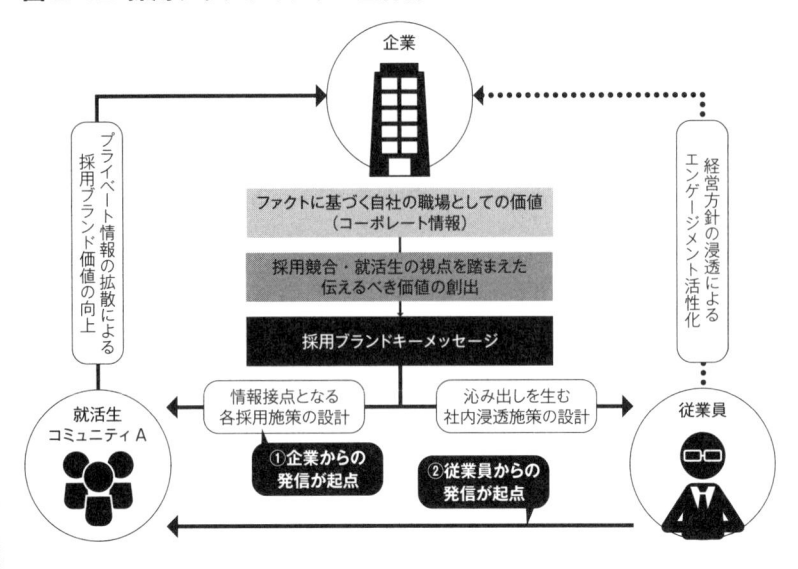

少子高齢化が加速する社会において、企業の存続を左右する人財獲得は、今後より一層重要な経営課題となる。SNS や就職サービスの拡大に伴い、職場についてのプライベート情報は増え、就活生の職場選択により大きな影響を与えうる。このような環境下において、企業の採用ブランディングへの取り組みが鍵を握ると考えている。マーケティングの考え方を用いて、自社視点に偏らない就活生の視点を踏まえて自社の目指す未来をキーメッセージに据え、社内外への発信を行うことで、企業起点・従業員起点の両面で、就活生を中心とするコミュニティ内にプライベート情報を戦略的に生んでいく。企業と生活者が共につくる採用ブランドの構築が、求職者に選ばれる企業づくりに結びついていくはずだ（**図2-12**）。

第 3 章

ソーシャルステータス時代の
コミュニティ消費スイッチ

社会的豊かさを求める
ソーシャルステータス時代

　小学生の「なりたい職業ランキング」を毎年発表する独自調査はいくつも存在しているが、2017年以降、ランキング上位にユーチューバーが登場し続け、憧れの職業となっている。人々が理想とするステータス像は時代と共に変化している。第2章でパブリック情報よりプライベート情報への接触が多い時代になったと書いたが、接触比率の変化は時系列で3つのフェーズに分けられる。

　フェーズ1はプライベート情報がほぼ存在しない、パブリック情報単体期だ。フェーズ2はプライベート情報が登場したものの、パブリック情報がまだ優勢な時期だ。そしてフェーズ3でプライベート情報の影響力が強まり、プライベート情報優勢期となる。小学生がユーチューバーに憧れるようになったのは、フェーズ3のプライベート情報優勢期からである。

　パブリック情報単体期は、マテリアルステータス（物質的豊かさ）に憧れるモノ消費時代だ。バブル景気の頃、ブランドを買い漁る人々の姿を想像するとわかりやすい。人々はブランドの服を着て、ブランドの車でデートし、結婚後はブランドのエリアに住み、子どもがブランド校に通うことに憧れた。こうしたステレオタイプの理想像をマスメディアが発信し、みんなが憧れた時代だった。

　フェーズ2のパブリック情報優勢期は、パーソナルステータス（人間的豊かさ）に憧れるコト消費時代だ。スマホの普及により、体験や実感を発信する手段を手に入れた人々は、プライベート情報を発信し始める。そしてブランドで外面を彩るより、

コト体験の豊かさにステータスを求めるようになった。いい体験をすることで内面に蓄積していく人間性の豊かさに憧れを感じるようになった。

そしてフェーズ3のプライベート情報優勢期は、ソーシャルステータス（社会的豊かさ）に憧れるイミ（意味）消費時代だ。社会的豊かさとは、何かしらの形で「社会から多くの共感を集める自分」「社会から認められた自分」をつくれていることだ。ソーシャルメディアで自分の立ち位置をつくることが重視され、欲しいモノもやりたいコト体験も、「多くの共感を集める自分」という理想的な姿にふさわしいモノやコト体験が選ばれる。その欲求は、フォロワー数やイイネ数、保存数というわかりやすい指標を獲得することで満たされていく。

理想の自分像は様々で、挑戦を恐れずに失敗を繰り返しながら学び成長するアクティブな自分かもしれないし、堅実でコスパに優れた生活をしながらアイデアと工夫で生活の質を高めていく自分、という場合もあるだろう。

前述の通り、すべての人が共感集めが得意なわけではない。仲間内で共感集めが得意な人が、より多くの共感を集める競争に参加していく。初めは身近でパーソナルな自分の生活圏から共感集めはスタートする。そして共感集めの先に特定のコミュニティでリーダー的な存在としてソーシャルステータスを求め、「多くの共感を集める自分」を目指す存在が、プライベート情報時代のマーケティングにおいては重要になる。

こうした身近な関係の仲間内において影響力を持つのは具体的にどんな人なのか。私たちはトレンドリーダーを2種類に分けて考えている。リアルの人間関係においてセンスに一目を置かれて共感を集め、グループ内の購買にも影響力を与える「リア友ハイセンサー」と、リアルでは面識がないがSNSのオタ

ク趣味コミュニティ内で影響力を持つ「デジ友ハイセンサー」である。

2つのトレンドリーダーを、d-campXのデータを用いて下記の通り定義した。「リア友ハイセンサー」は、「時代、流行を先取りするセンスには自信がある」「友人から色々な情報（ファッション、店など）について聞かれることが多い」の2つに「かなりあてはまる」と答えた人と定義した。また、「デジ友ハイセンサー」は、「自分はオタクだと思う」と「自分がネット上に投稿したコメントや写真に良い反応があると、知らない人でも

図3-1 「リア友ハイセンサー」「デジ友ハイセンサー」の比率が 10代で顕著に増加

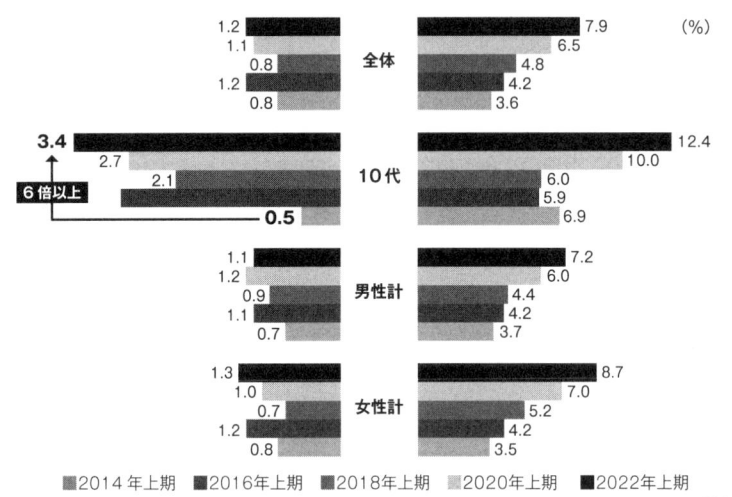

■2014年上期　■2016年上期　■2018年上期　■2020年上期　■2022年上期

*d-campX 関東

嬉しい」の両方に「あてはまる」と答えた人と定義した。

図3-1は、リア友ハイセンサーとデジ友ハイセンサーの比率を各性年齢階層別に2014年からの8年間の推移を示したものである。Z世代中心の男女10代ではリア友ハイセンサー比率が8年間で約6倍以上になっており、SNSでのプライベート情報発信文化が定着していることがわかる。また、女性中心にデジ友ハイセンサーの急増も目立つ。

リア友ハイセンサーやデジ友ハイセンサーのフォロワー数の推移にも注目したい。リア友ハイセンサーは2018年から4年間でフォロワー数301人以上の比率がInstagramで約10倍、X（旧Twitter）で約6倍になった（**図3-2**）。デジ友ハイセンサーの4人に1人がXでのフォロワー数301人以上であり、

図3-2 リア友ハイセンサー、デジ友ハイセンサーのフォロワー数推移

ソーシャルステータスづくりの1つの形「フォロワー数集め」では
リア友ハイセンサーはInstagram、**デジ友ハイセンサー**はXでの
ソーシャルステータスづくりが進行

Instagram フォロワー数301人以上比率	2018年度 上期	2020年度 上期	2022年度 上期	18→22年 伸長率
個人全体	1.3%	3.6%	5.4%	411%
リア友ハイセンサー	2.2%	15.0%	21.5%	969%
デジ友ハイセンサー	2.2%	6.1%	8.4%	382%

X（旧Twitter） フォロワー数301人以上比率	2018年度 上期	2020年度 上期	2022年度 上期	18→22年 伸長率
個人全体	3.5%	4.6%	6.4%	181%
リア友ハイセンサー	2.2%	8.3%	13.8%	623%
デジ友ハイセンサー	15.8%	17.9%	23.3%	147%

＊ d-campX 関東

どちらもフォロワー数が急速に増えているのである。

　こうしてリアルの仲間内での共感集めが得意なリア友ハイセンサーが SNS でも影響力を持ち始めた。また SNS 上の趣味コミュニティで影響力を持つデジ友ハイセンサーの X 上での影響力も大きくなっている。

　こうした考え方は働き方にも影響を与えている。1 つの会社に所属して出世を目指すより、会社に依存しすぎないで社会的に認められた自分自身の立ち位置をつくりたいという自己実現欲求にもつながるだろう。

2 ｜ コミュニティ内の世論形成 メカニズム「コミュニティエコー」

　共感集めをモチベーションにした消費活動は、どのようなメカニズムで起こるのか。

　コミュニティ消費が広がっていくポイントは 2 つある。第一に、ある価値観がコミュニティ内で反響し、形成される世論形成メカニズム「コミュニティエコー」である。第二に、あるコミュニティ内で形成された価値観が他のコミュニティに伝播する世論伝播メカニズム「コミュニティリレー」である。コミュニティエコーのメカニズムから考察する。

　新たに発生した価値観が、5 つのコミュニティ特性によって自走する過程を（**図 3-3**）にまとめた。

1.Conformity（同調現象）

　自分の見解と多少の違和感があっても、リーダーや集団との良好な関係のためなら意見を合わせて賛同する傾向である。例

図3-3 偶発購買モデル SEAMS×
コミュニティ内世論形成メカニズム【5つの SNS 特性】

❶ 人間関係を重視した「内輪賛同」

新しいモノやワクワクするコトはないか、ブラウザ上や SNS を**回遊**する **S**urf 回遊 → 知人の商品推奨を受信

Conformity 同調現象
リーダーや集団との良好な関係のためなら意見を合わせて賛同する傾向

良好関係な知人に賛同
この商品おすすめ！ イイね！
良好な関係

→ **賛同 イイね！**

❷ フィルター通過による「偏愛好意」

【ブランド名】って【○○】という投稿に**偶発的に遭遇**し、新たな興味／共感を生む **E**ncounter 遭遇 → 偏向配信で商品と遭遇！

Filter Bubble 情報被膜による情報偏向
好ましい情報ばかり作為的に表示され異なる価値観は遮断される傾向

見たくない情報は遮断される
あの商品だ！好きかも♪
同商品
異なる価値観は廃れていく
見たい情報だけフィルター通過

→ **一致 あの商品だ！好きかも♪**

❸ ラディカルが好まれやすい「選好試行」

比較検討せず、**あの人が語る商品**なら信頼／共感できるという理由で**フォロー／購買** **A**ccept 受容 → これ、何か面白そう♪

Cyber Cascade 集団極性化
先鋭化しがちな1つの意見に流されて集団全体の合意形成がされる傾向

面白そう！やってみた♪
トライアル 過激で先鋭的な情報ほど選好

→ **試行 この商品を試してみた！**

❹ 価値観増幅による「反響高揚」

Echo Chamber 反響室現象
自分の考えが肯定されて増幅されやすいので、正解だと思いこむ傾向

YES 神
その通り やっぱりいいよね
イイね それな
凄い！ そう思う
同じ価値観が反響 当然

→ **反響 イイね！凄い！神！**

徐々に好きになり体験に基づく**長い高揚**で商品関与を高める（購入することも） **M**otivation ★ 高揚 → やっぱりいいよね！

❺ 所属集団ひいきによる「推し優遇」

In-group Bias 所属集団ひいき
所属集団に対しては肯定的で好意的な態度を示して優遇する傾向

所属価値観を優遇推奨 YES 神
その通り こっちの水が甘い！
競合商品 それな
辛口 そう思う
イイね 凄い！ 当然

→ **優遇 この商品は絶対凄い！**

親密な仲の**知人**に自ら体験の喜びの声を、自分のとっておきとして**シェア**する **S**hare  共有 → こっちの水が甘いです！

えばリアルのグループ内でセンスに一目置かれているリア友ハイセンサーが「この商品試したら、よかった」と共有した場合、そこまで共感していなくても「イイネ」と賛同した経験はないだろうか。これが同調現象というコミュニティ特性である。

2.Filter Bubble（情報被膜による情報偏向）

SNSではアルゴリズムが本人の価値観と合う情報を作為的に表示するので、逆に異なる価値観の情報は遮断され、情報偏向が起きやすい。若い女性なら誰でも知っているヒット商品を自分は全く知らなかったという経験はないだろうか。反対にAIが自分向けだと判断した情報は、集中的に表示される。その結果、最近スマホ上で頻繁に［遭遇］するあの商品が、以前知人が使用実感を投稿した際に自分が「イイネ」したあの商品と同じ商品で［一致］していたことに気づき、急に「この商品好きかも」という気持ちが高まるのだ。

3.Cyber Cascade（集団極性化）

反対意見に出会わずに類似価値観とつながりやすい環境では、集団全体の意見がひとつの刺激的な意見に流され先鋭化しやすい特性がある。プライベート情報は個性の強い、偏りのある先鋭情報が消費されやすい。類似価値観同士が集うコミュニティ内では反対意見に出会うことも起こりづらく、世論とのズレに気づかない。結果として「あの商品は新発想、新常識」だから［受容］され、面白そうだからと［試行］されるのだ。

4.Echo Chamber（反響室現象）

類似価値観を持つ者同士が集う場では、自分の考えが肯定され［反響］して増幅されやすく、正解だと思いこみやすい。ま

たコミュニティ内の誰かに推奨されて購入した商品の使用実感が満足だった場合、「やっぱりあの人の言った通りだった」というコミュニティへの帰属意識と感謝による［高揚］も起きやすく、購買行為に対する満足度はさらに強化される。例えば、地元スポーツ大会に仲間内のチームで参加する際にオリジナルのユニフォームをつくったことのある人もいるだろう。同じものを着るだけでチームへの帰属意識が高まりモチベーションが上がる。それと似たような感覚がコミュニティ内で芽生えるのだ。

5.In-group Bias （所属集団ひいき）

　対立する集団には敵対的で辛口になる一方、所属集団に対しては肯定的で好意的な態度を示して優遇する特性である。いわゆる身内びいきの感覚だ。コミュニティ内で肯定的な反響が増幅されることで「この商品は間違いない」と［優遇］してロイヤリティが高まり、ポジティブな評価が［共有］される。好きになったら欠点もかわいく思えてしまい、結果的に評価が甘くなったという経験をしたことがある人も多いだろう。

　以上の５つの特性が機能することで、SNSコミュニティで新しい価値観が広がり、コミュニティ消費へとつながる。コミュニティ内で一番最初に買うトレンドリーダー＝リア友ハイセンサーの個人購買が、［回遊］→［賛同］→［遭遇］→［一致］→［受容］→［試行］→［反響］→［高揚］→［優遇］→［共有］のプロセスを経て、コミュニティ全体の消費トレンドへと昇華するのである。

3 コミュニティ間の世論伝播 メカニズム「コミュニティリレー」

コミュニティ消費が広がるもうひとつのポイントは、他のコミュニティに価値観が伝播するコミュニティリレーである。では、どのように新しい価値観はコミュニティの壁を超えて広がるのだろうか。

ここで活躍するのが、前述の「リア友ハイセンサー」「デジ友ハイセンサー」である。特定分野に専門性を持ち、社会的に認められ影響力のあるインフルエンサーを一般的に Key Opinion Leader という。誰もが情報発信できるプライベート情報時代においては、この一般的な KOL に加えて、「リア友ハイセンサー＝ Key Open Leader」「デジ友ハイセンサー＝ Key Otaku Leader」の 2 つの KOL が重要となる（**図3-4**）。

リア友ハイセンサーとデジ友ハイセンサーは、特定分野で社会的に認められたカテゴリインフルエンサーとは異なり、友人感覚の親しみやすさがある。また彼らは企業から金銭的なインセンティブを受け取っていないため、純粋な個人の実感に基づく発信が共感を呼ぶ。そういう意味で、これら 2 つの KOL は新トレンドの良し悪しを判断する際の信頼フィルターの役割を果たす。

企業から PR を依頼された特定分野のインフルエンサーが発信した情報を、これらの KOL が受信し、リアル生活圏や SNS オタク趣味コミュニティ内で最初に試し、忖度のない実感を共有する。そしてコミュニティのメンバーはこの実感を頼りにして新トレンドを判断する。これが 2 つの KOL、リア友ハイセンサーとデジ友ハイセンサーが新トレンドに対するコミュニ

図3-4 「インフルエンサー」から「ハイセンサー」へ

	カテゴリ インフルエンサー 【Key Opinion Leader】	リア友ハイセンサー 【Key Open Leader】	デジ友ハイセンサー 【Key Otaku Leader】
定義	社会的にも認められた 特定分野の専門性がある カテゴリインフルエンサー	面識のあるオープンな関係 リアルの友人コミュ内の リア友内トレンドリーダー	面識のない関係も多い 趣味などのコミュ内の デジ友内トレンドリーダー
リアルの 面識	**無** リアルの面識はない関係	**有** オープンなA面の リアルな関係	**無** 隠れたB面の クローズな関係
友人 感覚	**無** 共感リスペクトでフォロー	**有** 親密で忖度も働く関係	**有** 同類意識がある関係
影響力の 範囲	リアル業界ソサイエティ （YouTube/TikTok/ Instagram/X）	リアル界隈仲間内 （仕事/バイト/部活/同ク ラス/パパママ友）	SNS趣味コミュニティ （オタク趣味）

ティ全体の価値観形成に大きな影響を及ぼす構造である。この構造を理解し、どの趣味コミュニティを狙うか（WHO）、どんな文脈が共感を集めやすいか（WHAT）を設計することが重要となる。

4 若年女性のオタク化

オタクに焦点を当て、再び d-campX のデータをもとに、2015 年から 2023 年までの 2 年ごとのオタク構成比の推移を振り返りたい（**図 3-5**）。

2023 年 3 月には日本国民の 3 割超、つまり 3 人に 1 人がオタクを自認する「オタク時代」が到来した。その内訳を見る

図3-5 オタク化の進行

国民の3割がオタクを自認する時代、特に**女性10代/男女20代では約5割**に！

■ 性年齢階層別「オタク」比率の推移（自分はオタクだと思う）

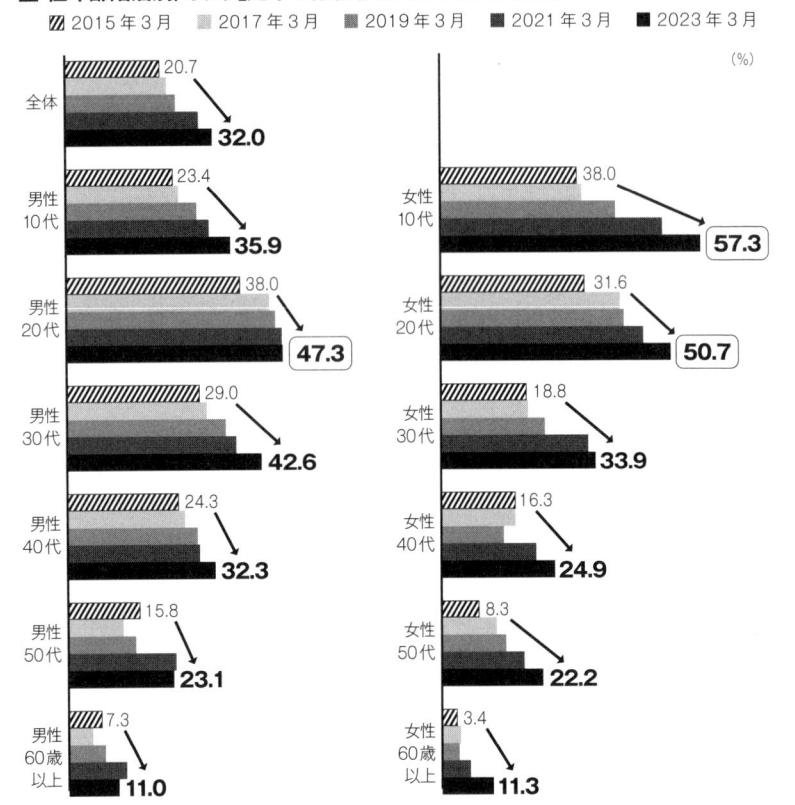

▨ 2015年3月　▨ 2017年3月　▨ 2019年3月　■ 2021年3月　■ 2023年3月

全体　20.7 → **32.0**

男性10代　23.4 → **35.9**

男性20代　38.0 → **47.3**

男性30代　29.0 → **42.6**

男性40代　24.3 → **32.3**

男性50代　15.8 → **23.1**

男性60歳以上　7.3 → **11.0**

女性10代　38.0 → **57.3**

女性20代　31.6 → **50.7**

女性30代　18.8 → **33.9**

女性40代　16.3 → **24.9**

女性50代　8.3 → **22.2**

女性60歳以上　3.4 → **11.3**

(%)

★d-campX 関東

と、特に若年女性のオタク化が顕著であり、女性10代と20代女性の半数以上がオタクを自認している。この「オタク気質の浸透」は、Instagram の1週間以内利用率の推移と相関している。SNS の浸透により、「趣味コミュニティ」への参加が一般化し、「オタク」が持つネガティブイメージが「コミュニ

ティ」というオブラートによって払拭されたと考えられる。このように若い女性層を中心に「オタク自認者」が急増した。では、どのような趣味ジャンルでオタク化が進んでいるのか（**図3-6**）。

図3-6 オタク化の実態

自認するオタクのジャンル数は**3.3**！
約6割は**アニメ／漫画／ゲームの3つ**のうち平均**1.9ジャンル**のオタク

■ **オタク認定者の平均オタクジャンル該当数**

オタク3大ジャンル アニメ 漫画 ゲーム

＋それ以外【音楽】【映画】【パソコン、IT】【声優】【日本の男性アイドル】【スポーツ】【ライトノベル】【日本の女性アイドル】【イラストレーション】【歴史】【ボーカロイド】【自動車】【鉄道】【グルメ】【ラーメン】【お酒（日本酒、焼酎、泡盛、ワイン、カクテルなど）】【韓国のアイドル】【写真、カメラ】【フィギュア】【演劇・芝居・ミュージカル鑑賞】【テーマパーク】【模型】【美容、コスメ】【スイーツ】【ファッション】【バイク】【健康】【園芸・盆栽】【コスプレ】【格闘技】【編物・手芸・パッチワーク】【動物・昆虫】【自転車】【切手・コイン・古銭】【クラシック、オペラ鑑賞】

	アニメ【オタク認定者の当ジャンル該当率(%)】	漫画【オタク認定者の当ジャンル該当率(%)】	ゲーム【オタク認定者の当ジャンル該当率(%)】	アニメ／漫画／ゲーム オタク3大ジャンル該当率(%)	1人当たり該当オタクジャンル数(個)	アニメ／漫画／ゲーム オタク3大ジャンルの平均オタク該当数(個)
全体	42.7	35.6	36.1	60.9	3.3	1.9
男性10代	53.2	34.7	66.9	85.5	3.5	1.8
男性20代	48.2	35.1	54.3	72.5	3.7	1.9
男性30代	45.2	37.3	50.4	70.6	3.3	1.9
男性40代	43.4	35.8	39.8	65.9	3.5	1.8
男性50代	40.0	30.6	19.4	48.1	3.6	1.9
男性60歳以上	26.6	15.6	12.5	34.4	3.5	1.6
女性10代	52.0	45.9	33.8	61.5	3.5	2.1
女性20代	48.1	39.0	32.0	60.2	3.3	2.0
女性30代	45.6	41.2	29.1	63.2	3.0	1.8
女性40代	32.9	38.2	20.4	47.4	2.5	1.9
女性50代	24.6	28.3	15.2	39.9	2.4	1.7
女性60歳以上	18.2	20.0	12.7	34.5	2.1	1.5

＊ d-campX関東（2023年3月）

オタクの3大ジャンルは、アニメ、漫画、ゲームである。アニメオタクは10代と20代男女に顕著であり、男性は50代まで幅広い層に広がっている。漫画オタクは女性が多く、10代から50代まで幅広く存在する。ゲームオタクは男性に多く、特に男性10代と20代が顕著に多い。これらのオタク3大ジャンルのいずれかのオタクに該当する人はオタク全体の約6割を占め、特に男性10代では85%超を占めている。また、オタク1人当たりが保有するオタク趣味の数は平均3.3個で、そのうち1.9個がアニメ、漫画、ゲームのいずれかに該当するため、平均1.4個のその他のオタク趣味を保有していると推定される。

　自分が好きで精通しているオタクジャンルの情報発信は、まさにソーシャルステータスづくりに適している。

　ここで、リアルな人間関係の自分をA面、SNS上のオタク趣味コミュニティの自分をB面と考えてみよう。A面でリア友ハイセンサーの役割を果たす人が、B面でもデジ友ハイセンサーの役割を重複で果たすAB両面のリアデジハイセンサーの重複割合を算出すると、2022年4月の調査データによれば、女性10代で16.7%、女性20代で23.1%であった。身近でパーソナルな自分の生活圏において、トレンドリーダーの役割を果たすZ世代女子の約4人に1人が、B面のオタク趣味コミュニティでも影響力を持っている。Instagramで知った最新トレンド情報を、Xに共有するといった現象が起きているのである。これは、オタク時代の重要なポイントである。

　このように、企業が特定分野のインフルエンサーKOLを起用して拡散した新価値観は、A面で所属する身近でパーソナルな生活圏のリア友ハイセンサーKOLに伝わり、彼らがB面で所属する界隈コミュニティでデジ友ハイセンサーKOLとして

バトンリレーしながら拡散していくのである。

5 3つのKOLによる コミュニティリレー

　d-campX・2022 年 3 月調査のデータによると、リア友ハイセンサーは Instagram での 1 日 1 回以上の「イイネ」利用頻度の割合が 60.6％で、インフルエンサーのフォロワーとして積極的に情報収集している様子がうかがえる。第 1 章で取り上げたナイトリペアシャンプー YOLU は、気に入った商品しか投稿しないことで有名なインフルエンサーが「サロン超えた」と投稿した直後に売上が大きく伸び、美容カテゴリインフルエンサーの PR 投稿がヒットの起点になったと公表されている。

　インフルエンサーの PR 投稿は企業が公式に発信したいパブリック情報に合わせた内容に統制される。自分の実感を仲間内界隈に共有する使命感を持つリア友ハイセンサーは、「サロン超え」の情報をいち早く受信し、自ら試し、翌朝の髪のウルツヤ感が本当に「サロン超え」なのかを評価し、その実感を共有する。リア友ハイセンサーは Instagram のフォロワー数 301人以上の割合が 21.5％と顕著に高く、仲間内への共有はデジタル上でも Instagram 中心に広がりやすい。PR 投稿はそのまま信用できない人もいるだろうが、リアルで面識がありセンスに一目を置くリア友ハイセンサーの実感なら聞く耳を持ち信頼できる。このようにリア友ハイセンサーが身近でパーソナルな生活圏の仲間内に対して信用フィルター機能を果たし、購買に影響を与える。

さらに身近でパーソナルな生活圏の仲間内に最新美容トレンドを共有する 20 代リア友ハイセンサーの 4 人に 1 人は、B 面の隠れたオタク趣味人格を持つデジ友ハイセンサーだ。そして X（旧 Twitter）のフォロワー数 301 人以上の割合は 23.3% と高く、オタク趣味コミュニティへの共有は X 中心に広がる。この AB 表面のリアデジハイセンサーが、ある日突発的に X 上の B 面オタク趣味コミュニティで情報変換を行う。

　次の画像はデジ友ハイセンサーによる 2022 年 11 月 7 日の YOLU に関する投稿である。この投稿の 3 日前に日経トレンディが 2022 年ヒット商品を発表し、YOLU は 19 位にランクインし累計 1,000 万本を販売していた。既に若い女性の多くが YOLU を購入し、ヒット商品になっていたタイミングでの投稿である。

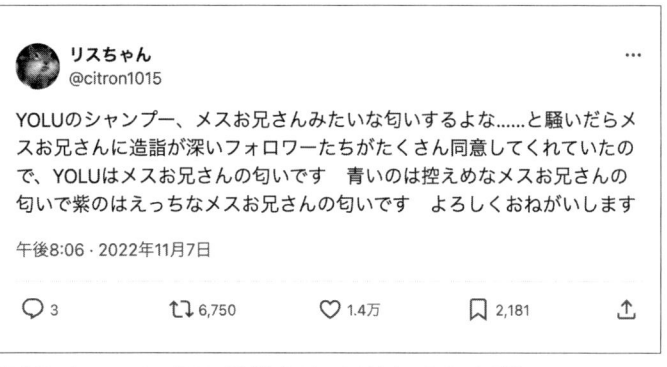

腐女子コミュニティに YOLU が拡散するきっかけとなった SNS 投稿

　第 1 章でも取り上げた「メスお兄さん」とは、男性同士のボーイズラブの創作物を好む腐女子コミュニティの文脈で「女性的な色気のある年上キャラのお兄さん」を意味する。この文脈で「YOLU はメスお兄さんの匂いです　青いのは控えめなメスお

兄さんの匂いで紫のはえっちなメスお兄さんの匂いです」という投稿が一気に拡散した。YOLUは美容感度の高い女性から順に広がっていったとすれば、腐女子コミュニティは最もYOLUと縁の遠いシャンプーだったことが想像できる。その年のヒット商品流行ランキングに入っていても、腐女子コミュニティには心理的な距離を感じて縁遠いシャンプーであった。しかしこの投稿により、腐女子コミュニティで一斉に購買が起きた。

このように偶発購買においては、**購買は個人単位ではなくコミュニティ単位**で起きており、その過程で情報文脈の変換が起きている。「翌朝の髪のウルツヤ感」というパブリック情報文脈が、「サロン超え」というA面プライベート情報となり、腐女子コミュニティで「メスお兄さんの匂い」というB面プライベート情報に変換され、**コミュニティリレー**が生じた。

このように偶発購買では、起用したカテゴリインフルエンサーが影響を持つ最初のコミュニティを起点に、プライベート情報に変換された価値観が拡散することで「コミュニティ単位」で消費が連鎖する。この現象をボウリングに例え、**「コミュニティストライク現象」**と命名した（**図3-7**）。

最初のローンチでうまく獲得できなかった（1球目で惜しくもすべてのピンは倒せず、ストライクにならかった）場合でも、ターゲット顧客には多種多様な価値観・嗜好性を持つ複数のコミュニティがある。その中から次に狙うべき対象を決め、2投目で次なるコミュニティにリーチする施策も重要になる。2投目の施策も行い、最終的にスペアで、すべてのピンを倒す（コミュニティを獲得する）ことが重要であるという考えだ。私たちは、このアクションを「スペアプロモーション」と命名している。

図3-7 コミュニティストライク現象

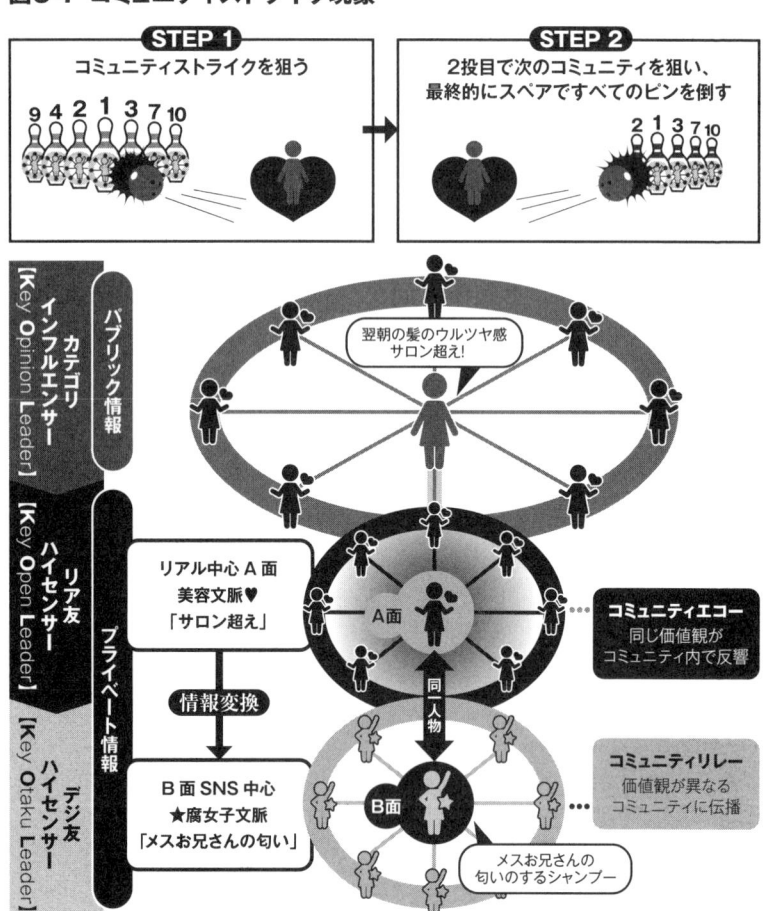

STEP 1
コミュニティストライクを狙う

9 4 2 1 3 7 10

STEP 2
2投目で次のコミュニティを狙い、最終的にスペアですべてのピンを倒す

2 1 3 7 10

カテゴリ
インフルエンサー
[Key Opinion Leader]

リア友
ハイセンサー
[Key Open Leader]

デジ友
ハイセンサー
[Key Otaku Leader]

パブリック情報

プライベート情報

翌朝の髪のウルツヤ感
サロン超え!

リアル中心 A 面
美容文脈♥
「サロン超え」

A面

情報変換

B 面 SNS 中心
★腐女子文脈
「メスお兄さんの匂い」

同一人物

B面

コミュニティエコー
同じ価値観が
コミュニティ内で反響

メスお兄さんの
匂いのするシャンプー

コミュニティリレー
価値観が異なる
コミュニティに伝播

6 コミュニティ普及理論

購買は、個人単位ではなくコミュニティ単位で起きている。この現象を解明するために、まとめたコミュニティ普及理論が**図 3-8** だ。

1991 年にジェフリー・ムーアが著した『キャズム』では、消費者をイノベーター、アーリーアダプター、アーリーマジョリティ、レイトマジョリティ、ラガードの 5 つのカテゴリに分類し、新しい商品やサービスが社会に浸透していく普及理論を提唱している。コミュニティ普及理論では、イノベコミュニティ、アーリーコミュニティ、レイトコミュニティ、ラガードコミュニティの 4 つのカテゴリに分類した。

まず、ボウリングにおける第 1 ピンに相当するのがイノベコミュニティである。カテゴリインフルエンサーの PR 投稿で着火すべき最初のコミュニティだ。このコミュニティには、その商品のコンセプトや強みをパブリック情報として PR 投稿することが重要である。第 1 ピンとしてどのコミュニティを設定し、そのコミュニティに影響力を持つインフルエンサーにどのようなパブリック情報で PR 投稿してもらうかは、戦略の要となる。

次に、2 列目の第 2、第 3 ピンに相当するのがアーリーコミュニティである。ここは PR 投稿で起用したカテゴリインフルエンサーをフォローしているリア友ハイセンサーらが中心となるコミュニティだ。リア友ハイセンサーは自らが試した実感をリアル生活圏の仲間内に広める使命感を持っている。彼らの 5 人に 1 人はInstagram でのフォロワー数が 301 人以上であり、

図3-8 3つの KOL によるコミュニティリレーとコミュニティ普及理論

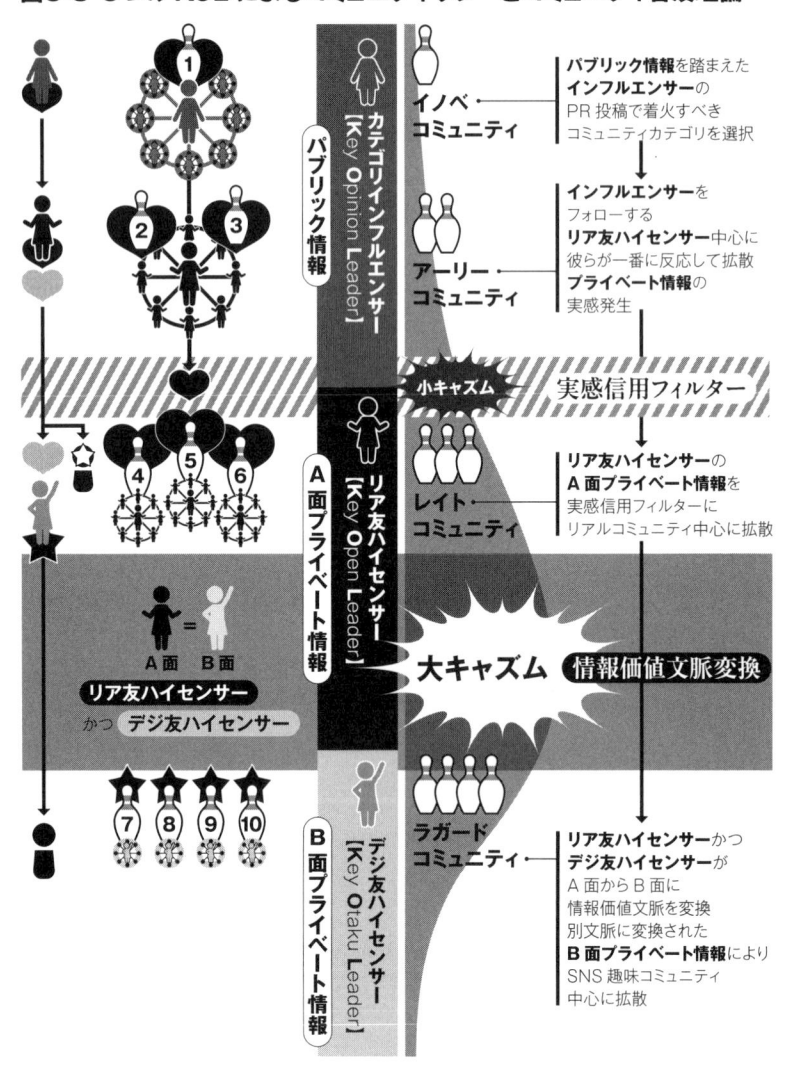

PR 投稿のパブリック情報とズレの少ない A 面プライベート情報として、その実感が Instagram 中心に拡散する。

　そして 3 列目の第 4 〜 6 ピンに相当するのがレイトコミュニティである。企業依頼の情報発信であるカテゴリインフルエンサーの PR 投稿には懐疑的で、そのまま信用しないリアルコミュニティだ。インフルエンサーの投稿の情報共有はリア友ハイセンサーまでで止まってしまい、懐疑的なレイトコミュニティには届きにくい。そこには小さな溝、小キャズムが存在する。彼らはリアルで面識のあるリア友ハイセンサーの実感には耳を傾ける。リア友ハイセンサーの A 面プライベート情報が信用フィルターとして働き、身近でパーソナルな生活圏中心のレイトコミュニティに拡散していく。レイトコミュニティへの拡散のポイントは、リア友ハイセンサーによる実感信用フィルターである。彼らの実感が高評価であることはもちろん、話題にしやすい独自性も必要である。実感信用フィルターの壁を越え、レイトコミュニティに浸透できれば、普及スピードは急速に上がっていく。

　最後に、4 列目の第 7 〜 10 ピンに相当するのが、ラガードコミュニティである。ここはその商品とは最も縁遠く、流行していても自分たちにあった商品ではないと感じるコミュニティだ。ラガードコミュニティには企業が発信するパブリック情報やズレの少ない A 面プライベート情報の文脈は効きにくい。これらの情報が伝わっても自分たちとは縁遠く感じるためである。しかし、その商品が流行しユーザーがどんどん増えているという認識はあるので、話題になりやすい環境は整っている。そしてある日突然、パブリック情報と全く関係のない、ラガードコミュニティにとっては衝撃的な B 面プライベート情報が発信される。「その商品、実は私たちのコミュニティにとって

大切なあの存在（推しなど）と関わりがあると気づいたのは私だけ？」という発信だ。その発話はデジ友ハイセンサーが影響力を持つ X 中心に共有され、趣味コミュニティ中心に拡散する。

　このように、コミュニティ普及理論では、新しい商品やサービスはカテゴリインフルエンサーからリア友ハイセンサーを経て、デジ友ハイセンサーへと、3 つの KOL をリレーし、コミュニティ単位で普及した後に、世の中ゴトになっていく。

ショップ店員を起用しながら、VTuber とコラボ
A / B 両面からの展開で成功した
hoyu Beauteen事例

hoyu の家庭用ヘアカラー商材「Beauteen（ビューティーン）」
は、派手髪カラー（ブリーチあり）のヘアカラー商材だ。ここでは、
「A 面：個性派クリエイティブ層」への施策を展開しコミュニ
ティストライクを狙いつつも、「B 面：VTuber 」でスペアプ
ロモーションを見事成し遂げた事例について、ホーユー 商品
企画室の山本亜由美氏に聞いた。

A面でコミュニティストライクを狙う王道施策とTribe Marketing

Beauteen は、「ビビッドオレンジ」「マゼンタピンク」「メ
タリックアッシュ」などビビッドな色合いの全 13 色を展開す
るヘアカラー商材だ。メインターゲットは個性派クリエイティ
ブ層。彼らに対して「ジブンの"好き"を大事にしたい、ジブ
ンの"個性"を発揮したい人を応援する」というコミュニケー
ションワードで各種広告及びソーシャルメディア上での施策を
展開している。

例えば、Instagram や X のオーガニック投稿（企業アカウン
ト発の投稿）では、ファッション、音楽、アート系など個性を
大切にする人をターゲットとした関西最大級のスタイルマー
ケット SPINNS のショップ店員へのインタビュー記事コンテ
ンツを掲載している。「SPINNS を選定した理由は、SNS マー
ケティングの基本である Tribe Marketing（トライブマーケティ
ング）を取り入れているからだ」と山本氏は語る。

Tribe（トライブ）とは、SNS 上に存在する趣味嗜好の集団
を指し、主にハッシュタグでつながっている。自分たちの主張

を大切にした「スタイル提案」と「変われる」をつくり続ける"スタイルマーケット"であるSPINNSのコンセプトは、「"好き"を大事にしたい、ジブンの"個性"を発揮したい人」が好むTribeであり、Beauteenの潜在的なファン層がそのTribe内に存在していると仮定し、SPINNSを選定したという。

逆に言えば、「派手髪カラー」のみの一本足打法でSNSマーケティングを継続することは難易度が高いと山本氏は語る。SNSの運用はクオーター単位のマスマーケティングとは違い、継続的にユーザーとつながっていくコミュニケーションだ。「新商品の発売」「商品の使用感」「キャンペーン告知」といった自社商品に関わる投稿のみを継続するSNSマーケティングを行う企業も多いが、それではタイムラインやフィード上に氾濫する大量の情報に埋もれてしまい、生活者のエンゲージメント（イイネやコメント、保存といったアクションの総称）を獲得することは難しい。

このマーケティングは「釣り」に例えるとわかりやすい。「派手髪カラー」という池に釣り針を垂らすことも直接的な刈り取りには大切だ。しかし潜在的な顧客がいると仮定した「個性を大切にするスタイル」という池に釣り針を垂らすことも、顕在層と潜在層の両面を刈り取るという点でSNSマーケティングには必要不可欠である。

池がTribeなら、釣り針についている餌は投稿ネタだ。魚がいる池に釣り針を垂らしても、釣り針に魚の食べたい餌がついていなければ食いつかず、魚は釣れない。SNSの大量の情報の海の中で生活者の目に留まり、エンゲージメントを獲得できる投稿ネタ（餌）でなければならないということだ。孫子は「凡そ戦いは、正を以て合い、奇を以て勝つ（戦いとは、定石通りの正攻法で戦い、奇策をもって勝つものだ）」と言ったが、SNSマー

ケティングでも同様だ。

　Beauteen では正攻法である「商品紹介」「ヘアケアお役立ち情報」「キャンペーン」といった王道施策や X ではカンバセーショナルカードやアンケート機能を用いて、ユーザーとの相互コミュニケーションを実施している。Instagram では UGC の創出や二次活用も積極的に行っており、「#Beauteen」やカラー名称（例：メタリックアッシュ）の投稿を探し、許諾を得てリポストするといったアクティブな運用も見受けられる。ターゲットコミュニティに対してストライクを狙ったプロモーションを展開しているが、競合各社の投稿ネタ（餌）と大きな差があるわけではなく、これだけでは競合他社との差別化は難しいだろう。

　そこで、Beauteen では年配の男女がナイトメアパープルやコスモグリーンに染めた写真やインタビューを投稿するというタイムラインやフィード上で目に留まる奇策も行っている。

　これは年配の男女向けの商材であると自社ブランドを規定して、そのターゲットに向けて発信しているのとは違うと筆者は考える。もちろん年配の方を排除するわけではないが、あくまでメインターゲットは若年層だろう。

　昨今の SNS ではアルゴリズムが効率かつ最適化され、生活者の趣味嗜好に沿ったものが推奨されるようになった。若者が「SNS でおすすめされてよく見るよね」という投稿に一向に出会わないといった経験は皆さんもあるのではないだろうか。そこで Beauteen はあえて若年層の SNS のタイムラインやフィードでは出てきづらい年配の方を活用することで、［遭遇 Encounter］した際に生活者の目に留まることを企図したのだろう。企業アカウントの運用においては、同種の商材の競合他社の運用と類似していく企業が多い中で先進的な取り組みと

いえよう。

　この奇策 1 点のみを抽出すると、コミュニティストライク
ではなくスペアプロモーションとも見て取れる。スペアトライ
アルプロモーションは新規コミュニティ獲得に限らず、

①**既に獲得している既存コミュニティ内での新価値観**（＝世論）
の鮮度を保つ効果

②**既に獲得している既存コミュニティ内で購買を決めかねてい**
たメンバーの新規獲得効果

も期待できるため、SEAMS では［高揚 Motivation］に当たる、
コミュニティ内の価値観を更新する効果を期待できる。結果、
［高揚 Motivation］により［共有 Share］も増加し、そのフォ
ロワー及び非フォロワーの発見タブや人気投稿にピックアップ
されることで［遭遇 Encounter］が増える好循環が生まれる。
しかし前述の通り商品発売時の第 1 投目でストライクが出る
ことは難しい。#Beauteen の投稿 3,494 件（2024 年 7 月現在）
と、競合商品の関連ハッシュタグとを比べると少々見劣りする
点は、SNS 運用という終わりなき旅の道半ばにあることを示
している。

B 面からスペアトライアルプロモーションを狙った V Tuber 施策

　一方で Beauteen はスペアトライアルプロモーションとし
て VTuber を活用し、成功を収めている。10 代女性と 20 代
女性は半数以上がオタクを自認している中で、こと VTuber
はファンの熱量が高く、電通プロモーションプラスのメディア
PROMOTION ＋ B 調べでは 15 ～ 34 歳の 78.1％が好きな
VTuber がいると回答。そのうち 59.9％が VTuber が PR や
タイアップをしている商品、サービスの購入経験ありと回答し
ている。

図3-9 「好きなVTuberがいる」と答えた人の割合

		n	いる	いない
全体		247	78.1%	21.9%
性・年代別	男性15〜19歳	22	68.2%	31.8%
	男性20〜24歳	19	78.9%	21.1%
	男性25〜29歳	46	82.6%	17.4%
	男性30〜34歳	14	71.4%	28.6%
	女性15〜19歳	33	87.9%	12.1%
	女性20〜24歳	37	89.2%	10.8%
	女性25〜29歳	61	63.9%	36.1%
	女性30〜34歳	15	93.3%	6.7%

* PROMOTION+B調査（2024年8月）

図3-10 「VTuberがPRやタイアップをしている商品、サービスを買ったことがある」と答えた人の割合

		n	購入したことがある	購入したことはない
全体		247	59.9%	40.1%
性・年代別	男性15〜19歳	22	45.5%	54.5%
	男性20〜24歳	19	78.9%	21.1%
	男性25〜29歳	46	60.9%	39.1%
	男性30〜34歳	14	64.3%	35.7%
	女性15〜19歳	33	48.5%	51.5%
	女性20〜24歳	37	70.3%	29.7%
	女性25〜29歳	61	54.1%	45.9%
	女性30〜34歳	15	73.3%	26.7%

* PROMOTION+B調査（2024年8月）

　企業プロモーションにおいてインフルエンサーKOLとオタクコンテンツの両面の良いとこ取りが可能なのがVTuberではなかろうか。誤解なきよう述べると、スペアプロモーションのみを行えばよいと述べているのではない。コミュニティストライクを狙うことはターゲットに直接訴えかける正攻法であるが、それでも倒しきれないピンは必ず残る。そこを倒しにいく

手法としてのスペアプロモーションが、今回の VTuber 活用である。

具体的には、VTuber コミュニティにおいて、VTuber ファン層＝カテゴリインフルエンサーが反応することを企図したイラストコンテスト、写真コンテスト、パッケージコラボ施策を 2023 年に実施した。身近な関係の仲間内において推し（好感・憧れ・応援したい気持ち。されど対象に見返りは求めない若者のファン行動）のステータス像である VTuber の髪色を軸に訴求し、カテゴリインフルエンサーがイラストや染髪した自身の写真を SNS にアップすることでソーシャルステータスを充足させ、コミュニティエコーとコミュニティリレーを実現させた。

VTuber とは親しみやすい見た目ながら、自分の言葉で語ることができる、キャラクターとタレントの良いとこ取りをしたインターネット活動者だ。2016 年に「キズナアイ」が「バーチャルユーチューバー」を名乗って以来、技術の進歩と共に急成長してきたカテゴリである。2D や 3D のアバターを用いて、YouTube 等の動画配信プラットフォームを中心に動画投稿やライブ配信などを行っている。

人気の VTuber には熱いファン層が存在しており、SNS 起点での情報の拡散・話題化や購買に寄与しやすい。具体的には推し VTuber からの情報は受け入れる、推しがすすめるなら買う、推しを起用してプロモーションを展開してくれた企業に好意を抱き、推し活の対象として応援消費につながりやすい傾向がある。

VTuber はバーチャルキャラクターであるため見た目も髪色も、自分の好きなように変えられる。ここが Beauteen が

謳う「個性派カラーブランド」と親和性が高い。ここに着目し、LIVE 配信を中心に活動する国内トップ VTuber グループ「にじさんじ」*のメンバーである甲斐田晴、勇気ちひろ、ラトナ・プティの 3 名のライバー（YouTube 等でライブ配信を行う人。本書では VTuber 本人を指す）とコラボした施策を 3 つ展開した。

＊ANYCOLOR が運営する VTuber ／バーチャルライバーグループ

②推し色創造イラストコンテストにおけるコミュニティエコー

1 つ目の施策は「＃ビューティーン推し色創造イラコン（イラストコンテスト）」だ。2022 年に初回を、第 2 回を 2023 年に開催している。「好きな色」「推しの色」のテーマに合った商品と色を選んでオリジナルイラストを制作し SNS に投稿。最優秀賞作品には、世界で 1 つだけのオリジナルパッケージを制作してプレゼントする施策となる。

一般的な SNS キャンペーンにおいては、イラストを描いて応募する企画は応募ハードルが高く、企業からは敬遠されがちだが、そのハードルを乗り越えた好事例だ。

VTuber には配信を行うライバーを中心に様々なコミュニティが周囲に存在している。例えばゲーム実況系 VTuber は活動内容によって様々なコミュニティと隣接している。ゲーム系 VTuber には各ゲームタイトルや「ゲーム配信者（非 VTuber）」のコミュニティ、歌唱系 VTuber には「アニソン」「J-POP」や「歌い手（非 VTuber）」コミュニティが存在するといった形だ。

本施策はその中でも VTuber のアバターなどの公式ビジュアルやファンアートを描いているイラストレーター・絵師（以降、VTuber 絵師）を一次ターゲットとした施策だ。まず VTuber 絵師が本コンテストに反応し、カテゴリインフルエン

「#ビューティーン推し色創造イラコン（イラストコンテスト）」の告知画像
©ANYCOLOR, Inc.

最優秀作品にプレゼントされるオリジナルパッケージ

サーとして機能する。VTuber 絵師は、VTuber に特化してい
ないイラストレーター・絵師（以降、一般絵師）ともコミュニティ
が近い。一般絵師がソーシャルメディア上を［回遊 Surf］し、
同じ絵師仲間である VTuber 絵師の投稿に Conformity ＝同

調現象を引き起こし［賛同］することは想像に難くなく、これによって VTuber 絵師から一般絵師へコミュニティエコーが発生した。結果、VTuber を軸にした施策であるが、一般絵師の参加につながり、ソーシャルメディア上に VTuber 絵師と一般絵師双方の Beauteen ヘアカラー色を活用したイラストが溢れることとなった。

では、ソーシャルメディア上に溢れたイラストに対し生活者側はどのような行動を取っただろうか。生活者側も VTuber を契機とした施策であるため、VTuber ファンのリア友ハイセンサーとデジ友ハイセンサーがまずそのコミュニティ内で［回遊 Surf］し施策自体に肯定的なコメントやいいねの［賛同］が発生した。さらに後日、VTuber 側より例えばメイクアップカラー「メタリックアッシュ」とポイントカラークリーム「ターコイズブルー」を組み合わせることで、にじさんじの VTuber 甲斐田晴の髪色になれるといった商品との組み合わせに対する投稿に［遭遇 Encounter］することで、何となく「イイネ」だった［賛同］が、あの時の商品と同じ商品で［一致］していることに気がつき［受容 Accept］に至る。

一方で前述の通り一般絵師へコミュニティエコーが発生したことにより、イラストを好む個性派クリエイティブ層（非 VTuber ファン）が何となくスマホで［回遊 Surf］している時に推しのイラストレーターのイラストに［遭遇 Encounter］。推しのイラストレーターが描いたイラストが Beauteen のカラーに染めているということは、界隈においてはイラストレーター自身が染めるよりもファンにとっては刺激的に感じられる。その結果として Cyber Cascade ＝集団極性化を引き起こし、イラストレーターファンに［受容 Accept］され「推し

推しの髪色を Beauteen で再現する方法を投稿した
©ANYCOLOR, Inc.

の絵師がイラストで使っているヘアカラー剤」として面白そう
だからと［試行］されるのだ。

③#にじ髪色写メコンキャンペーンにおけるコミュニティリレーの創出

２つ目の施策は「＃にじ髪色写メコン」キャンペーンだ。こ
の施策は１つ目の「＃ビューティーン推し色創造イラコン」
施策で VTuber 界隈とイラストレーター界隈で［回遊］→［賛
同］→［遭遇］→［一致］→［受容］まで至った生活者の中で
［試行］に至らなかった型を刈り取る施策であり、さらには派
手髪カラー好きな個性派クリエイティブ界隈にまでコミュニ
ティをリレーさせる施策である。

施策内容としてはお気に入りの色に染めた髪色の写真を
「＃にじ髪色写メコン」のハッシュタグとその髪色に染めたきっ
かけや理由、テーマ、コメントなどを添えて SNS に投稿すると、
にじさんじライバーが配信や SNS で紹介してくれるかもしれ
ないという施策だ。

投稿キャンペーン「#にじ髪色写メコン」の告知画像
©ANYCOLOR, Inc.

　結果として、商品を［試行］しコラボしている VTuber の髪色に染めて投稿する狙い通りの行動も発生したが、熱量が高い VTuber 界隈においてはさらにそれを上回る結果となった。コラボしていない VTuber の髪色を Beauteen の各種商材を用いて自身で編み出す。VTuber のライブ衣装のカラーに染める（VTuber の髪色ではない）といった予期せぬ行動が見られた。これは第5章で説明する、Cordinability ＝汎用性、発信センスが発揮できる余白の設計が Beauteen 商品で実現できていたと考えられる。

　［試行］として商品を購入し、投稿したアカウントの中には、フォロワーが少ない＆顔出しをしていない＆リアルの生活の投稿がほぼ無い人が一定数存在していた。筆者の主観だが、これは Key Otaku Leader「デジ友ハイセンサー」がリアルでは面識ない方とつながるための趣味アカ（趣味やコミュニティごとに

使い分ける別 SNS アカウント）で本施策に参加したのではないだろうか。

　さらに本キャンペーン参加者のプロフィールを見ていくと、VTuber ファンではない方が含まれていることにも気づいた。VTuber ファンではなく、例えば原宿のショップ関連の投稿を頻繁に行うといったファッション系アカウントが VTuber 文脈ではなく本施策に参加して染髪した写真をアップしている。これは価値観が異なる他のコミュニティである個性派クリエイティブ界隈にまで世論が伝播し、コミュニティリレーが起きたといえる。

　このコミュニティリレーが起きた理由は、第 3 章本文で述べたオタク化時代の「A 面／ B 面化」に起因するいくつかの仮説が考えられる。

　本施策に参加した方を仮に A さん、その SNS 上の友人を B さんと仮定する。

仮説①：A さんは VTuber とは縁もゆかりもなかった

　A さんの友人 B さんは「A 面：原宿ファッション」「B 面：VTuber 界隈におけるデジ友ハイセンサー」であった。B 面として本施策を［受容］⇒友達のいる A 面の SNS アカウントで［共有］した結果、A さんが［遭遇］し、非 VTuber ファンではあるが施策に参加した。

仮説②：A さん自身が B 面 VTuber のファン属性を持っていた

　本施策に応募した A さんの SNS アカウントは「A 面：原宿ファッション」専用のアカウントで、実は趣味アカを保有していた。趣味アカで「B 面：VTuber のファン」だったことから、B 面：VTuber 界隈におけるデジ友ハイセンサーから本施策に

［遭遇］し、表の顔出しアカウントである A 面で施策に参加した。

20 代の 96％が趣味アカを保有している * 昨今の状況から見ても、あながち間違いではないと考える。

＊otalab 調べ

このようにコミュニティの伝播には、様々な仮説が考えられるが、仮設①②ともに全く相関関係の無いコミュニティへ伝播したのではなく、一個人もしくは友人単位でコミュニティの AB 両面重複が起きており、広い意味では全く相関関係の無いコミュニティへ伝播したわけではないと考える。

④にじさんじコラボセット

3 つ目の施策は「にじさんじコラボセット」だ。甲斐田晴、勇気ちひろ、ラトナ・プティの 3 名のライバーそれぞれのイメージに合わせた髪色の Beauteen 商品セットを限定ボックスで販売。「＃ビューティーン推し色創造イラコン」と「＃にじ髪色写メコンキャンペーン」で［試行］にまで至らなかった生活者を［試行］に向かわせる押しの一手と位置づけられる。

コラボセットは EC 含む「店頭」でリアル偶発購買にも寄与すると考え、来店回遊から店頭における［遭遇］、衝動買いという［受容］にもつながる一手だ。

ちなみにこの限定ボックスはライバーのアクスタ（アクリルスタンド）が飾れる仕様となっており、ここでも SNS 投稿という S（共有）を誘発する仕組みとなっている（アクスタが商品に付属しているわけではないが、VTuber のアクスタは界隈において一般的な推し活グッズである）。

ちなみに限定ボックスのパッケージイラストはママ絵師

3 名のライバーそれぞれのイメージに合わせた髪色の商品セットを限定販売
©ANYCOLOR, Inc.

限定ボックスはライバーのアクスタが飾れる仕様
©ANYCOLOR, Inc.

（VTuber のキャラクターデザインを担当したイラストレーター・絵師の
こと。性別は関係なくママと呼ぶ）がデザインしている点もファン

にとっては［反響］ポイントであり、［高揚］につながる。この段階で生活者はカテゴリインフルエンサーである VTuber からのパブリック情報に共感し、リア友ハイセンサーとデジ友ハイセンサーによるプライベート情報を受容し、商品の［試行］にも至っているため、商品を使用して実感した時に

①商品に対しての高揚（この商品、確かにいい商品だ）

②コミュニティ帰属意識の高揚（やっぱコミュニティ内のハイセンサー A 氏の言っていたことは神だね！）

の 2 つの［高揚］が起き、コミュニティ消費が長く持続する効果も期待できる。

　さらに、その［高揚］は［共有］に直結し、そこでも商品に関する［共有］時にライバーのアクスタも含めた共有となり拡散につながることも、SNS プロモーションの効果最大化に寄与する点だと考える。

　SNS プロモーションでは今流行っているミーム（インターネットを通じて人から人へ広がってゆく文化・行動。例：アイスバケツチャレンジ）に乗っかろうという風潮がある。確かに短期的に見れば、SNS 上でエンゲージメントが稼げ、露出し売上にポジティブな影響を与えることもあるだろう。しかし、今回の Beauteen の事例のように、特定のコミュニティで熱量を獲得し、それが次のコミュニティへと伝播し、複数コミュニティでの消費が長く持続することこそ、SNS マーケティングの理想形態ではないだろうか。

SEAMS時代における
B2Bコミュニティマーケティング

梅木俊成

　本コラムでは、法人向けのビジネスマーケティング（以下B2Bマーケティング）について考察する。例えば、生活者がスーパーなどで購入する日用品は、流通にどう働きかけて棚に置いてもらっているのか？また、コスメは自社工場ですべてを生産せず、OEMメーカーに委託する場合が多いが、それはなぜなのか？これらの疑問を本コラムを通じて解き明かすことで、SEAMSモデルが法人営業部門や開発部門においても同様に有益であることをお伝えしたい。

　まずは、B2Bマーケティングの全体像が掴めるよう、B2Bビジネスを取り巻く環境の変化や課題について解説する。本コラムが、SEAMSとB2Bマーケティングの関係について理解を深める一助となれば幸いである。

▎B2B商材における購買行動の変化

　2012年、アメリカの調査会社CEB（Corporate Executive Board）は「B2B商材では顧客の購買プロセスの57％が、営業担当者に会う前に既に終わっている」と発表した。この衝撃的な発表は、海外のみならず日本においてもB2B事業におけるマーケティング活動の見直しを促すきっかけとなった（**図3-11**）。

　これは、営業担当者による対面や電話での営業活動（情報提供）のプロセスの大半が不要となり、購買者が情報収集活動の主導権を握るようになったことを示している。このように変化した

図 3-11 バイヤーズジャーニーの変化

営業が初接触する時、取引先はネットで情報収集・比較**済**の状態

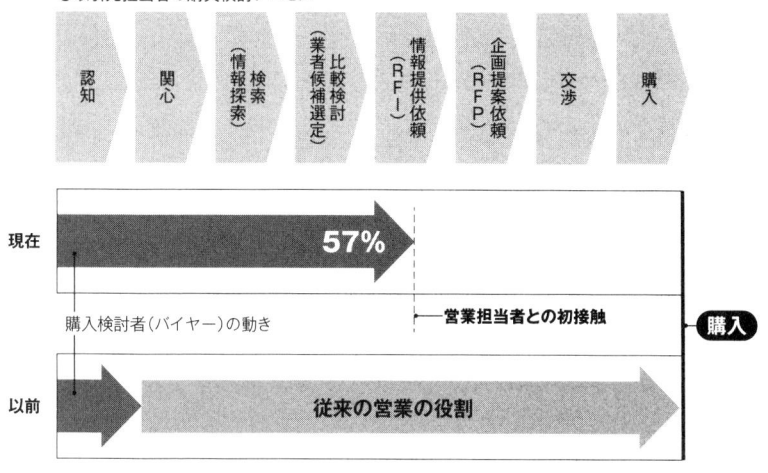

●取引先担当者の購買検討プロセス

購買担当者を北米のマーケティングコンサルタントであるトム・マーティンは著書『THE INVISIBLE SALE』で「Self-educating buyer（自ら学び情報取得していく購買者）」と表現している。その背景にはインターネット検索サービスの定着がある。実際、トライベック・ブランド戦略研究所による「B2Bサイト調査」2024では、購買担当者は仕事上の製品情報源として「企業のウェブサイト」を最も重視しており、同調査における B2B と B2C のサイト効果比較では、ウェブサイトの売上貢献度を示す「サイト効果」は B2C サイトの約4倍に達している。さらに、2020年のコロナショックは B2B 事業におけるマーケティング及び営業活動のあり方も大きく変えた。

コロナ禍では営業活動をするにも電話がつながらず、会社不

図 3-12 コロナショックによる B2B-DX の加速

with コロナでは、**マーケティングとセールス構造**の変革が必要に

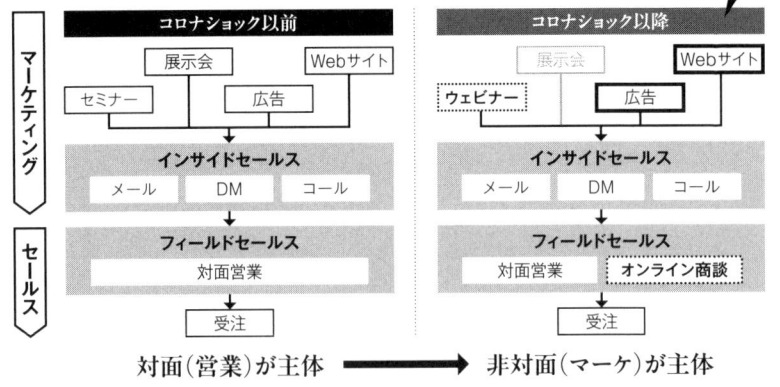

対面（営業）が主体　━━━━▶　非対面（マーケ）が主体

在という状況が常態化し、対面コミュニケーションが困難に
なった。現在でも在宅ワークを併用するハイブリッド型の働き
方を採用している企業が多い。さらに、人材採用の困難さやジョ
ブ型雇用の進展により営業職が選ばれにくくなるなど、営業を
取り巻く環境は厳しく変化している（**図 3-12**）。このような環
境の変化を背景に、B2B 事業のマーケティング活動では広告
やオウンドメディア、インサイドセールスなどの非対面での顧
客接点創出が必須になったのである。

▋ B2B事業における顧客起点のマーケティングとは

　さて、「B2B 事業のマーケティング活動では非対面での顧客
接点創出が必須」と述べたが、広義の観点で解説する必要があ
る。まず誤解を解きたい点は、「B2B マーケティングとは、マー
ケティングオートメーションを使ってリード獲得をすることだ
け」ではない。B2B マーケティングとは、「**一貫した＝顧客体
験（CX）創出のために、①プロダクトマーケティング ②セー**

図 3-13 B2B CX ループの概念図

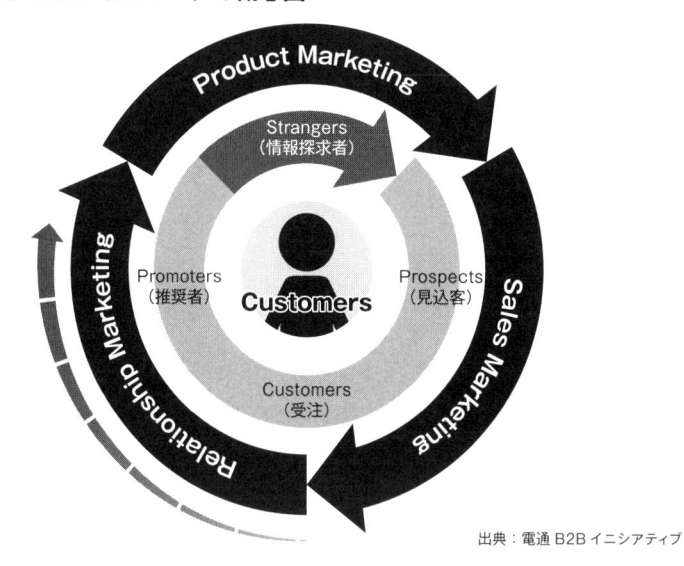

出典：電通 B2B イニシアティブ

ルスマーケティング ③リレーションシップマーケティングという3つのマーケティング活動を顧客起点で実行すること」である。これら3つのマーケティング活動の関係性を概念的に整理した B2B CX ループ（以下 B2B ループ）（**図 3-13**）を紹介したい。

①プロダクトマーケティングとは

　B2B 事業におけるプロダクトマーケティングとは、「**開発、マーケティング、営業、サポートの各担当者が相互連携し、製品ごとに異なるターゲット企業の意思決定関与者（DMU：Decision Making Unit）にその価値を効果的に伝え、購入促進し、継続的に利用・購入してもらうための価値創造戦略**」である。「企業が作ったモノを売る（プロダクトアウト）」時代から「購買者が

買いたいモノを作る（カスタマーイン）」時代にシフトしたことが背景にあり、プロダクトマーケティングはますます重要になっている。特に複数種類の商材を扱う大手企業では重要な役割を果たす。なお、本コラム冒頭で「OEMメーカーに委託するのはなぜか？」と問いかけたが、価値を効果的に伝えるためにはコスト調整もプロダクトマーケターの範疇となることが多いためだ。

②セールスマーケティングとは

　B2B事業におけるセールスマーケティングとは、**「営業とマーケティングチームの協力により、リード（見込客）の生成から販売の完了までの各プロセスを円滑にする戦略」**である。世界最大規模のリサーチ企業であるGartnerの調査発表資料「Integrating Sales and Marketing to Drive Demand」によると、マーケティングとの連携を優先する営業組織は、新規顧客獲得目標を上回る可能性がほぼ3倍高くなるという。なお、セールスマーケティングにおける施策としてディマンドジェネレーション＝商談機会の創出があり、見込客の集客、育成、選別という3つのプロセスの総称を指すが、大別するとインバウンドマーケティングやABM（アカウントベースドマーケティング）という考え方がある。

③リレーションシップマーケティングとは

　B2B事業におけるリレーションシップマーケティングとは、**「既存客との長期的かつ信頼性の高い関係を構築・維持することに焦点を当てた戦略」**である。製品の販売後も、顧客の声を積極的に傾聴することで顧客のニーズや課題を深く理解し、価値あるソリューションを提供することに重点を置く。そしても

う1点大事なことがある。**既存顧客の満足は、新規の顧客(または既存顧客の未取引部署)や販売協力してくれる「販売パートナー」への呼び水となることだ。**

代表的なリレーションシップマーケティングの施策例としては、ロイヤルティプログラム(ポイントプログラム)、コンテンツマーケティング(コンテンツ提供)、コミュニティマーケティング(ユーザーの声を傾聴したりユーザー同士の交流を活性化する等)、パートナーリレーションシップマネジメント(パートナーとの関係性強化)などがある。特にコミュニティマーケティングについては、本書で提唱するSEAMSモデルと密接に関係するため後述する。

国内におけるB2Bマーケティングの課題は、手段と目的の逆転

①プロダクトマーケティング ②セールスマーケティング ③リレーションシップマーケティングの3つのマーケティング活動は統合して全体最適を図る必要がある。①では製品開発から、市場導入、ブランド認知獲得、購入、継続利用までの全体の戦略ストーリーを担当し、②では商談につながるリードの獲得やマーケティングと営業のデータ共有による連携強化に重点を置く。③では継続的に良好な関係を構築することに焦点を当てる。しかし、国内におけるB2Bマーケティングへの取り組みの現状は、②にばかり着目する傾向が強いのだ。

原因は「手段と目的の逆転」にある。目的設計とマーケティングに対する共通認識がないまま、マーケティングオートメーションを導入する、インサイドセールス部をつくる、DX推進部を作る、広告を実施する、コミュニティを立ち上げる等だ。その背景には組織のサイロ化(組織や情報が孤立し、共有できてい

ない状態）があり、②において重要な DX の本質が「組織文化の変革」であることに気づかないまま、各部門の業務システムを最適化した結果である。

これらのサイロを解決するには、経営層を中心に組織の文化を変え、データを一元管理する仕組みの導入が必要だ。しかし、大きな組織であるほど一気に変革することは簡単ではない。まず「スモールサクセス」を最優先に事業部単位でスタートするなど、小さな成功を積み重ね、計画的に全社へ展開することが肝要である。

▍B2B商材の購買行動において
▍偶発的購買行動は引き起こるのか？

ここから、B2B 商材の購買行動は B2C 商材と同様に、SEAMS で提唱する偶発的購買行動があるかについて考察する。**結論からいえば、組織的・計画的購買が中心と考えられるB2B 商材においても、偶発的購買行動は存在する。特に注目すべきは「ストック型ビジネスモデルの B2B 商材」であり、前述の「リレーションシップマーケティング（CX 向上への取り組み）」が鍵となる。**

B2B 商材は、B2C 商材のように個人の判断で購買決定ができないことが多い。B2B 商材では複数業者から見積もりを取り、要件を満たすスペック、コスト等、論理的な理由を添えて上申して決済を取る。この意味で「組織的」な「計画購買」がB2B 商材における意思決定プロセスと感じるだろう。

しかし、デジタル技術の発展により新たな課金モデルが生まれたことで、B2B 商材の意思決定プロセスに生じた変化を見逃してはならない。この意思決定プロセスの変化により、

SEAMSモデルの偶発的購買行動を考慮したアプローチが有効になるのだ。

B2Bビジネスにおける課金モデルはフロー型とストック型の2つに大別される。フロー型は「売り切り型」、ストック型は「サブスクリプション型（定額課金）」と「リカーリング型（従量課金）」がある。**注目すべきはストック型モデルがB2B商材においても急速に拡大している点だ。**大手機器製造メーカーなどで、機器を売った後もその稼働のためのソフトウェアやメンテナンスをサブスク型で展開し、顧客に継続的な価値を提供する関係を築く例が増えている。

このような生産財を取り扱うB2B製造業がストック型ビジネスを採用し始めた理由は「サービタイゼーション（製造業のサービス化）」にある。サービタイゼーションとは製品をサービスの一環として利用する新しいビジネスモデルへの転換を指す。この背景にはIoT技術の発展、製品のコモディティ化により差別化の困難さ、そして最も大きな影響として利用者の消費行動の対象が「モノからコト、コトからイミ」へシフトしていることがある。コト・イミ消費の時代では、製品の機能・性能・価格といった「合理的な価値」の提供だけでなく、購入するまでの過程・使用する過程・そして購入後のフォローアップなどの過程における経験など「感情的な価値」の提供が不可欠となる。感情的な価値を合理的な価値に上乗せすることで、「顧客の受取価値 *」を押し上げ、差別化につながるのである（**図3-14**）。

* フィリップ・コトラーが定義。顧客の受取価値は、総顧客価値（製品価値、サービス価値、従業員価値、イメージ価値）から総顧客コスト（金銭的コスト、時間的コスト、労力的コスト、心理的コスト）を引いた価値を指す。

『経験価値マネジメント』の著者であるバーンド・H・シュミットは感情的な価値の種類を5つに分類した。「Sense（感覚的）」

図 3-14 CX は顧客の受取価値を高める

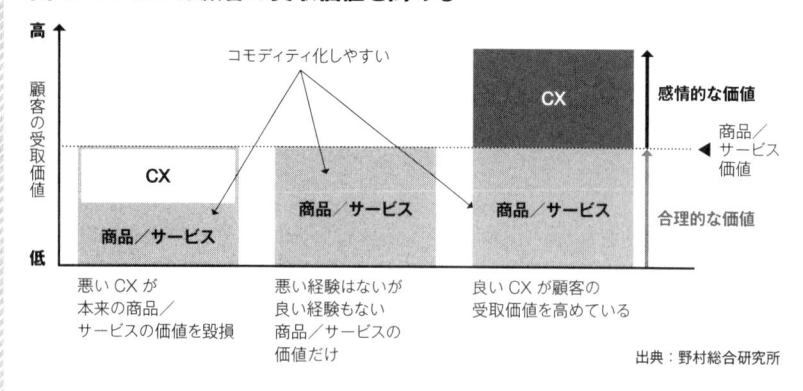

出典：野村総合研究所

「Feel（情緒的）」「Think（知的）」「Act（行動性）」「Relate（関係性）」だ（**図 3-15**）。

　さて、前述したリレーションシップマーケティングを思い出してほしい。**既存客に満足いただくということは、既存顧客との関係維持・向上だけでなく新規客の呼び水になる。**このため、ストック型ビジネスの B2B 商材を扱う企業はカスタマーサクセスという部門を設置し、コミュニティマーケティングを積極的に取り入れているのである。

　例えば、ドイツの大手製造企業シーメンスの関連ソフトウェア会社では、CX 向上に向けた取り組みとして「シーメンス製品ライフサイクル管理 コミュニティ」というオープンなオンラインコミュニティを通じて、特定分野の専門家とのディスカッションや製品アイデアに関して意見交換できる場を提供している。そして、オープンであるが故に、購入検討を考える新規顧客にとっての参考情報（呼び水）にもなっている。前述の感情価値カテゴリでいえば、「Think（知的）」「Act（行動）」に該当する。

図3-15 感情的な価値の5分類

感情価値	説明	B2B 施策例
Sense （感覚的）	五感を刺激する経験	1. 魅力的なプロダクトパッケージング「満足感」「期待感」 2. VR/ARデモンストレーション「驚き」「興奮」 3. ショールーム「魅力」「関心」 4. 高品質な印刷物「信頼」「高級感」 5. 製品サンプル「感動」「安心感」
Feel （情緒的）	顧客の内面的感覚や感情を刺激する経験	1. パーソナライズド・ギフト「感謝」「特別感」 2. 顧客の成功事例のシェア「誇り」「満足感」 3. 顧客感謝イベント「感謝」「親しみ」 4. 感謝の手紙「感動」「親密さ」 5. 特別なアフターサポート「安心感」「信頼」
Think （知的）	顧客の創造性や知的欲求を刺激する経験	1. 知識共有プラットフォーム「知識欲」「安心感」 2. インサイトレポート「洞察」「信頼」 3. 顧客調査の実施「理解」「安心感」 4. 技術ブログやポッドキャスト「興味」「信頼」 5. 共同研究開発「創造性」「協力」
Act （行動性）	行動やライフスタイルを刺激する経験	1. 生産性向上ツール「効率」「満足感」 2. ベストプラクティスガイド「安心感」「信頼」 3. オンラインコミュニティ「連帯感」「サポート」 4. フィードバックループの確立「感謝」「関与」 5. パーソナライズドトレーニング「成長」「安心感」
Relate （関係性）	特定のカルチャー・思想に属している 感覚を刺激する経験	1. 共同マーケティングキャンペーン「連帯感」「協力」 2. 顧客同士の紹介「信頼」「感謝」 3. CSRプロジェクトの共催「誇り」「充実感」 4. オンラインフォーラムの運営「連帯感」「関心」 5. インフルエンサープログラム「影響力」「信頼」

出典：『経験価値マネジメント』（バーンド・H・シュミット）より抜粋し電通で独自解釈を加筆

　SaaS 企業の代表的企業である Salesforce や HubSpot は大規模でオープンなオフラインイベントやオンラインコミュニティを通じて、販売パートナーやエンドユーザーとの良好な関係を継続している。特に強調すべきは、Salesforce や HubSpot はパートナーとの関係性を非常に大事にしている点である。定期的に一定の成果を上げた販売パートナーに対してイベントの中で表彰式を実施し、その功績を称える一方で、競争心を煽ることにもつながっている。感情価値カテゴリでいえば、「Feel（情緒的）」「Relate（関係性）」に当たる。

　事例に共通するのは、感情的価値を醸成するコミュニティが

既存顧客間のネットワークを強化し、同時に新規顧客や新規パートナーを呼び寄せる呼び水（エンジン）になっている点である。SEAMS における回遊→遭遇→受容→高揚→共有という一連のプロセスが B2B 商材の購買プロセスでも起きているのである。

SEAMS 時代における B2Bコミュニティマーケティングの課題

しかし、国内の B2B 事業におけるコミュニティマーケティングにはまだまだ課題が多い。大きくは 2 つある。

1 つ目は「仕組み」の課題である。そもそもコミュニティマーケティングを実施する前提として、そのビジネスモデルがストック型ビジネスであることが多い。しかし、その「手軽さ」だけに注目し失敗するケースが多々あるのが実態だ。具体的には「初期費用が安い」「いつでも解約できる」という手軽さは、確かに顧客提供価値のひとつだが、利用継続期間の短縮を招くため、事業としての収益性や継続性を損ねることにつながりかねない。

特に製造業では、製品に付帯するソフトウェアアップデートやアフターメンテナンスなどを有償化したくても、「無料サービス」と顧客から強いられる業界慣習も根強い。本コラムでは CX を主体に紹介するため、事業開発としてのストック型ビジネスの考え方については参考情報のみ紹介する。サブスクビジネス事業の自社開発においては、基盤システム構築とサービス開発（プライシング、業務プロセス設計支援、契約管理システムの開発・導入）など多岐にわたる開発プロセスが必要となる。

2 つ目は「仕掛け」の課題である。サービタイゼーションを背景にサブスクビジネスを導入したものの、CX の取り組みま

で検討されず「仕組み」を用意するだけにとどまるというケースが多い。前述の通り、合理的な価値だけなく感情的な価値を上乗せすることが顧客受取価値を向上させ、差別化につながるのである。

▌ SEAMS時代のB2Bコミュニティマーケティングの提言

ここから SEAMS 時代の B2B コミュニティマーケティングの考え方について説明する。

前述の B2B ループの概念図を思い出してほしい。ファネル型の場合、認知、検討、購入と一本道で終わるが、B2B ループでは購入後もぐるぐるとループする。リレーションシップマーケティングの取り組みが外側のループを加速させるブーストの役割を果たす。既存顧客の継続的取引を維持しつつ、内側のループである Strangers（情報探索者）→ Prospects（見込客）→ Customers（受注）→ Promoters（推奨者）へと成長させる。

B2B マーケティングでは、いかにこの B2B ループをつくり出し加速させるが基本である。そして既存客であるファンの活性化だけでなく新規客をどう開拓するかを考えるときにも、中心にある顧客の考え方を起点にするということも B2B ループのポイントだ。ここで B2B 事業のコミュニティマーケティング事例を紹介する。

1 つ目の事例は前述したボストンに本社を置く HubSpot だ。同社は CRM を起点とした MA（マーケティングオートメーション）、SFA（セールスフォースオートメーション：営業支援システム）、Support などの機能をワンプラットフォームで提供する SaaS 企業だ。同社には「Providing value before extracting value（相手から価値を引き出す前に、こちらから価値を与えよう）」という思想がある。HubSpot はこれを「インバウンド」と呼んでいる。

注目すべきは同社が毎年ボストンで開催する大規模コミュニティイベントだ。ユーザーの参加はもちろん、それ以上にHubSpotの販売パートナーたちが熱狂的に参加しているのだ。HubSpotは「インバウンド」という思想を自社製品や社員だけではなく販売パートナー、そして利用顧客にまでも浸透させることで三方よしのカルチャーをつくり出している。

　特筆したい点は、販売パートナー同士が積極的に会話（情報交流）をすることが当たり前になっているという点だ。常識で考えれば競合同士であるにもかかわらずだ。顧客課題を自社だけで解決できない場合に販売パートナー同士で協業することで解決できることが多々あるからだ。だからといって協業を押しつけてくるわけでもない。つまり、インバウンドという思想が販売パートナーにも浸透しているのである。HubSpotは「ユーザー同士が交流できる場」だけではなく、「販売パートナー同士が助け合うことができる場」という感情的価値を提供しているのだ。

　２つ目の事例は、世界的半導体メーカーのインテルだ。日本におけるインテルのマーケティング戦略には様々なコミュニティ施策がある。例えば「PC匠道場」や「vPro友の会」といった企業の情報システム担当に向けたコミュニティがある。ここでは、PCに非常に詳しい学術系VTuberを「インテルPCマイスター」のTOPマイスターに任命し、半導体とはそもそも何か？等、インテル製品のPRに限らずわかりやすくPCの世界をYouTubeで解説している。また、「AI PC Garden」というコミュニティでは、AIアプリの開発者やAIビジネスに取り組むスタートアップ企業に、ディープラーニングを活用したアプリケーションを開発できるように設計したツールキットの最新技術やベストプラクティスなど、企業の垣根を超えて最先端

の情報が交換できる場を通して感情的価値を提供している。

B2B コミュニティマーケティングに取り入れるべき重要なポイント

最後に、コミュニティに特化したプロジェクトチーム「電通 Community of Communities（以下電通 COC）」のメソッドの中から、B2B コミュニティマーケティングに取り入れるべき重要なポイントを 3 つ紹介する。

ポイント 1：目的設定の考え方における 6 つの型

まず、B2B ／ B2C にかかわらず、コミュニティを立ち上げる前には目的を明確にすることが重要だ。コミュニティ運営のビジネスゴール（目的）は以下の 6 つの型に分類できる。

① Retention（保持）

既存顧客との関係を「保持」（= Retention）するためにコミュニティを運営するケースである。製品に関する有益な情報を顧客がいち早く得られ、企業と顧客がインタラクティブに対話できたり、顧客同士が利用している商品やサービスについて有用な情報交換や本音を語り合うことで、企業と顧客の友好的な関係が保持され、LTV を高めることがコミュニティの目的となる。

② Improvement（改良／改善）

実際の顧客や利用者によって、製品の改良／改善（= Improvement）、新商品開発などのアイデアの創発をするためにコミュニティを運営するケースである。コミュニティの参加メンバーがユーザー目線だからこそ本質的な課題が見え、改善アイデアが得られたり新しいビジネスチャンスを発見できるだけ

でなく、企業側が「傾聴している姿勢」を示すこともできる。

③ Subscription（課金型コミュニティ開発）

　コミュニティへの参加費を課金して運営されるモデルである。有料のオンラインサロンといえばわかりやすいだろう。製品から派生したコミュニティ自体を新たな収益源にする新しいビジネスモデルの創出となる一方、コミュニティに参加する人に本気度が高い分、満足度を得るためにはコミュニティ運営にも相当のクオリティが求められる。

④ Commerce（購買促進）

　コミュニティが購買ポイント（主に EC）への直接送客を担っているケースである。Retention よりもよりダイレクトに売上貢献を目的とする分、コミュニティ運営にかかるコストのROI が厳しく求められる可能性が高い。中長期的に顧客基盤を育てる計画とは相性が良い。

⑤ Acquisition（新規顧客開拓）

　コミュニティを起点として新規顧客の獲得（= Acquisition）を目指すケースである。既存顧客のみならず未顧客もコミュニティに参加することが前提となるため、製品を知っている人だけが盛り上がれる内容ではなく、テーマ設定やコミュニティの運営方針には工夫が必要である。

⑥ Media（インフルエンサー群のメディア化）

　コミュニティ自体が盛り上がった上で、その中から有力なコンテンツやコミュニティメンバーの中から注目される人が生まれることで、コミュニティ自体がある業界やカテゴリでのスタ

ンダードとなってメディア価値が生まれるケースである。コミュニティ価値が高まれば、「Subscription（課金型コミュニティ開発）」として有料制に変更し、メディアとしての広告収益モデルが得られる可能性もある。

これらのビジネスゴールをどれかひとつに絞るのではなく、抱える事業課題に照らし合わせながら、いくつかの目的を組み合わせてコミュニティを立ち上げ、運営を最適化していくのがいいだろう。

ポイント2：コミュニティディレクションにおける10のルール

コミュニティは、プラットフォームという仕組みをつくればあとは勝手に盛り上がる、というものではない。コミュニティ参加者の行動や発話をどのような方向に導いていくかといったディレクションが肝心だ。そのために電通COCでは「コミュニティディレクションの10のルール」を定めている。

〈コミュニティディレクションの10のルール〉
①メンバー共通の目的を設定する
②メンバー共通の価値観を表現する（言語的にも視覚的にも）
③メンバー共通の言語を持つ
④コアメンバーを決める（育てる）
⑤メンバーの役割（期待機能）を明示化する
⑥メンバーにヒエラルキーを設定する
⑦メンバーにはリアルタイムで運営情報を開示する
⑧メンバーの意見を聞く
⑨メンバーと一緒に考える機会をつくる
⑩予定調和にならない、不確実なダイナミズムを取り込む

ポイント３：コミュニティローンチ時のチェックリスト

　最後に、コミュニティを立ち上げるにあたり準備すべきことをチェックリストにまとめた。

〈コミュニティローンチの前の 4 つのチェックリスト〉
①サイトとして掲載が必要なもの
　　□利用規約　□コミュニティガイドライン
　　□ Cookie ポリシー　□代表的な Q ＆ A
　　□個人情報及び特定個人情報等の取り扱いに関する方針
②万が一の時の対応
　　□緊急時（炎上など）の対応・連絡網
　　□リスク想定（NG ワード）など
③初期広報・問い合わせ対応
　　□リリース準備（メインビジュアル含む）
　　□問い合わせ先（メールアドレス）
④データ分析のための環境準備
　　□登録時取得情報の整理
　　□サイト＆コンテンツの準備、アップ
　　□ SSO 連携（シングルサインオン：ユーザー認証（ログイン）を 1
　　　度すれば、以後紐づけられている複数のシステム・サービスが利用
　　　可能になる機能）

　以上、B2B コミュニティマーケティングに取り入れるべき重要な 3 つのポイントを紹介した。国内に約 400 万（出典：経済センサス）ある事業会社の 7 割は B2B 事業専門であり、テクノロジーの進化によってそのマーケティング戦略も大きく変化してきた。B2B 事業においてもコミュニティは活発に活用されている。情報環境の変化や IoT 技術の発展を背景に、営業

担当の気合と根性や開発担当者の努力だけで競合他社との差別化、特にグローバル競争の中で差別化することは難しい。

　今以上に日本の B2B 事業にはマーケティングが必要だ。一般消費者向けのマーケティングスキルがある方は、ぜひ B2B マーケティングにも関心を持っていただき、取り組んでもらえればと考えている。

第 4 章

衝動買い時代の
偶発購買デザイン

1 買物失敗リスクがなくなって生まれた「衝動買い時代」

　前章では、「リア友ハイセンサー」がキーとなって新しいトレンドや価値観が広まっていくコミュニティ普及理論を説明した。

　では、リア友ハイセンサー自身はこうした欲求を満たすために、どれほど衝動買いをしているのだろうか。d-campX2022年下期データによると、「思わず衝動買いしてしまうことが多い」と答えた割合は、全体で9.5%に対してリア友ハイセンサーは45.7%であり、実に約5倍も衝動買いしやすいのである。この理由は、第3章で説明した通り、リア友ハイセンサーは社会的に認められた自分自身の立ち位置「ソーシャルステータス」を求め、仲間内で一番早くトレンドを試して実感を共有することに使命感を持っているからだといえるだろう。

　次に、どのようなジャンルの商品で衝動買いが起こりやすいかを考察してみたい。一般的に、日用消費財と耐久消費財では、消費者の購買行動やマーケティング戦略も大きく異なる。低価格でトライアルも容易な日用消費財では新商品を衝動買いする人でも、高額な耐久消費財においては慎重な検討を行うことが一般的である。それは、高額な買物では失敗したくないという心理が働くため、慎重な検討に「時間コスト」をかけることで「買物失敗リスク」を軽減しようとする行動である。

　しかし、この「買物失敗リスク」の考え方が一変しつつある。それは、メルカリの普及に起因する潮流である。d-campX のデータによれば、スマホアプリでのメルカリユーザーは2016年から22年の6年間で5.2%から30.9%と約6倍に増加し、

約 3 人に 1 人がメルカリのスマホアプリユーザーとなった。30 代女性では特にメルカリアプリが普及しており、22 年で 51.6％と 2 人に 1 人がメルカリユーザーとなっている。

　メルカリが耐久消費財の買物失敗リスクに与えた影響を、ゴルフクラブセットを例に考えてみよう。これまで高額な耐久消費財では、自分に最適な選択をするために時間をかけて情報収集し、口コミサイトを念入りに確認し、知人の意見を参考にするなどして、失敗リスクを極力減らし、1 回の買物でニーズを満たそうとしてきた。

　しかし、メルカリはこの「失敗リスクを減らそうとする購買行動」を一変させた。仮に自分に合わないゴルフクラブセットを購入してしまっても、メルカリで売ればよいのである。1 度失敗し、別のゴルフクラブセットを購入し、まだ納得がいかなければ再度メルカリで売る。このようにリセールを何度も繰り返しながら、自分に最適なものに到達すればよい。こうしてリセールを繰り返すうちに、購入前からリセール時の価値、つまりリセールバリューが高いブランドを考慮する人々も現れ始めた。

　東洋経済オンラインの記事 * によると、「車種を選択するときにリセールバリューを意識する」に「とてもよくあてはまる＋あてはまる」の割合はレクサスでは 37％で、3 人に 1 人以上がリセールバリューを意識しており、年代別では 20 代のリセール意向が 54％と最も高かった。中古車をメルカリで購入するかどうかはさておき（実際に売られてはいる）、車選びにおいてリセールバリューを意識する人が増えているのは確かである。

　このように、耐久消費財でも購入検討をそれほどせずに衝動買いする行動が増え始めている。衝動買い時代の到来である。衝動買いのハードルが下がり、何度も衝動買いができる時代。

リセールバリューを担保できれば、耐久消費財でも衝動買いが可能となる時代である。

　こうした衝動買いを起点にコミュニティ単位で広がる偶発購買をどのように計測し、どんな指標で評価すればよいのか。今度は計画購買や偶発購買の計測評価をテーマに、衝動買い時代における偶発起点の買物の本質を探る旅に出かけよう。

＊東洋経済オンライン「『リセールバリュー』気にしてクルマ買う人の実態」
　（2024.5.13）

2 ｜ 衝動買いは満足度が高い

　アメリカの心理学者バリー・シュワルツ博士の著書『なぜ選ぶたびに後悔するのか』では、計画的に比較検討して最高の買物を目指す「マキシマイザー」と、気に入ったものをパッと買い満足する「サティスファイザー」の違いが解き明かされている。計画的に比較検討する買物、すなわち「計画購買」は、確かに理想的な買物をする確率が高いが、実は買物の満足度が低い。逆に、即座に決断して購入する「偶発購買」は、最安値でない価格での買物をする確率が高いにもかかわらず、実際には買物満足度が高いという。

　同一人物でも、計画購買と偶発購買の両方の行動を取ることがある。高額な耐久消費財を購入する時には、時間をかけてリスクを減らすための計画購買をし、日常的に購入する食品では新商品をその場でパッと偶発購買することが誰しもあるだろう。そして何かを衝動買いした時のほうが、買物満足度が高いというのだ。

　こうした現象が起こる理由は、顧客期待を過剰に高めると顧

客満足が低下すると考ればわかりやすい。品質以上の過剰な顧客期待は、知覚価値と顧客満足を低下させるのだ。サイト誘引したランディングページ上で商品の USP（ユニークセリングポイント）を訴求し、新規顧客を獲得するマーケティングアプローチは、商品の期待を過剰に高めているといえる。つまり、商品への期待を煽り初回購入しやすい状況をつくるほど、逆に顧客満足は高まりにくく、再購入されにくくなり、ロイヤル顧客化しにくいかもしれないのだ。

　Ａ（認知）とＩ（興味）をつくり商品の購入意向を高める計画購買は新規獲得しやすいが、満足度が高まりにくく、ロイヤル化しにくい。逆に、偶発購買は新規獲得はしにくいかもしれないが、購入満足度が高まりやすく、その結果、ロイヤル化しやすいという仮説が浮かび上がる。

3 ｜ 偶発購買デザイン

　計画購買は、認知と興味を引き出し、誰もが知っているからこそ気になる状態をつくることが重要であると述べた。では、偶発購買を起点としたコミュニティ消費では、どのような視点で顧客育成を図ればよいのか。ここでは偶発購買を入り口とした「偶発購買デザイン」の概要を説明する。

　偶発購買では、知る人ぞ知る「私だけのとっておき」の商品のほうが情報発信価値が高まる。そのため、認知の視点ではなく、顧客になるポテンシャルがあるかを「カテゴリ購買」の有無で判断することが重要である。カテゴリ購買のない人は購入

可能性が限りなく低いため、ターゲットに設定しない。ただし、市場ポテンシャルの全体把握をすることは重要であり、カテゴリ購買なし層のボリュームの推移を定点観測する必要がある。

例えば、ガムのカテゴリ購買層の過去推移をd-campXのデータで捉えると、2014年4月には3ヶ月以内のガムカテゴリ購買率は47.0%であったが、駅のゴミ箱撤去が進んだ後のコロナ前、2018年4月時点で36.3%まで減少し、リモートワークの普及とマスク着用により口臭ケアの必要性が減少したコロナ禍の2022年4月には、25.1%まで減少した。このように市場全体が成長しているか縮小しているかを、「カテゴリ購買」の有無を定点観測することで把握するのだ。

次に、偶発購買のメインターゲットとなるカテゴリ購買有の層を「エントリー」「スリープ」「アクティブ」の3層に分類する。エントリーはまだ初回購入経験のない層、スリープは購買経験があるが現在は購買していない層、アクティブは現在も購買している層である。さらに商品を購入し使用するたびに、異なる3段階の購買満足が毎回更新されていくと考える。具体的には、「満足（これがいい）」「許容（これでいい）」「拒絶（これはない）」の3段階だ。

購入経験のない「エントリー」層は、現在競合商品を購入しており初回購入する意向がある「計画ポテンシャル」、現在競合商品を購入しているが初回購入する意向がない「偶発ポテンシャル」と定義した。

購入経験のある「スリープ」層は、直前の購買満足に応じて、購買満足が「拒絶（これはない）」と感じて購買をしなくなった「拒絶休眠」、「満足（これがいい）」や「許容（これでいい）」と感じたのにしばらく買っていない「満足休眠」、「許容休眠」と定義した。

図4-1 偶発購買デザインのポイント

■偶発購買デザイン

①購入意向を買うつもりの有無と捉え**計画**と**偶発**に分類
②「カテゴリ購入」有無で分類し、カテゴリ購入無はターゲット外
③購入時の購買満足を「満足」「許容」「拒絶」の3段階に分類、「拒絶」で休眠したユーザーはターゲット外
④の「満足レギュラー」「満足ロイヤル」「許容レギュラー」「許容ロイヤル」の**アクティブ4**の全体ボリューム育成
が重要

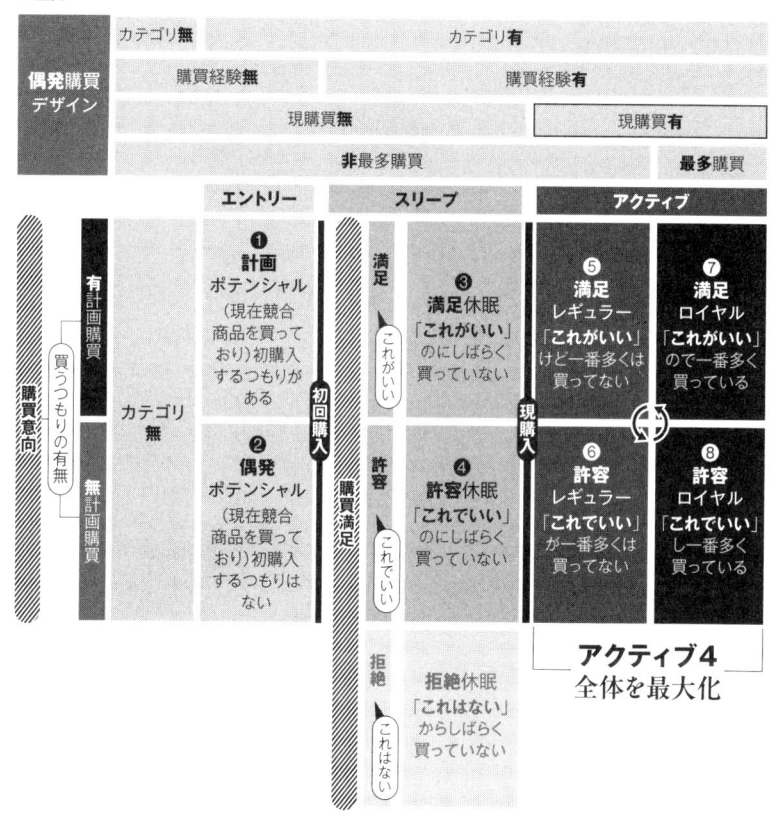

アクティブ層の購買頻度は、ブランドへのロイヤリティ意識が変化しなくても、お買得な価格を発見しまとめ買いが起これば容易に変化しうるため、ロイヤルとレギュラーの入れ替えは

頻繁に起こりうる。同様にアクティブ層の購買満足も、「満足（これがいい）」と感じたユーザーが何度も購買するうちに「許容（これでいい）」に変わることもあるし、「許容（これでいい）」と感じているユーザーが好きなコンテンツコラボキャンペーンに参加して「満足（これがいい）」に変わることもあるだろう。偶発購買デザインでは、「満足レギュラー」「満足ロイヤル」「許容レギュラー」「許容ロイヤル」の 4 層をアクティブ 4 と規定し、アクティブ層内の 4 つの各層を個別に考えるより、アクティブ4 全体の面積を拡大していくことが重要となる。

［偶発購買デザインのポイント］
1. 購入意向＝買うつもりの有無で計画購買と偶発購買に分類
2. 「カテゴリ購入」の有無で分類し、カテゴリ購買無はターゲット外とする
3. 購入時の購買満足を「満足」「許容」「拒絶」の 3 段階に分類し、「拒絶」で休眠したユーザーはターゲット外とする
4. 「満足レギュラー」「満足ロイヤル」「許容レギュラー」「許容ロイヤル」のアクティブ 4 の全体ボリューム育成が重要

このように、偶発購買デザインは、顧客満足を中心に据えた綿密なターゲティングとその育成を図ることで、購買意欲を高め、ブランドのロイヤルティを強化する手法である。

偶発購買ファネル分析「IDEAS」

ここで偶発購買デザインの概念を改めてファネル構造で捉え直して整理する。偶発購買デザインの概念を、「カテゴリ購買」「購入意向」「現購買」「最多購買」の４つの段階で整理したものが**図4-2**である。

ここで、アクティブ４全体のボリュームに着目すると、［満足レギュラー］［満足ロイヤル］［許容レギュラー］［許容ロイヤル］の総和は、［偶発レギュラー］［偶発ロイヤル］［計画レギュラー］［計画ロイヤル］の総和と等しくなっていることがわかる。アクティブ４全体の購買デザインは満足度起点（満足、許容）に加え、購入意向≒購入計画起点（偶発、計画）でも捉えることができる点は押さえておくべき重要なポイントだ。

コミュニティ単位で起こる偶発購買型の偶発購買デザインを段階的に計測・把握するにあたって重要なのは、ファネル分析である。ここでは、d-campX のデータを用い、「クレンジングバーム DUO」（以下 DUO）のブランド成長推移を例に、5つの KPI 指標「IDEAS」を順番に説明する（**図4-3**）。

1つ目の KPI は「カテゴリ増分（Incremental in category purchase）」である。これは、カテゴリ購買率の変化を示し、市場ポテンシャル全体の増減を意味する指標である。DUO が属するクレンジングカテゴリのカテゴリ増分は、2019 年から2020 年にかけてマイナス 2.5 ポイント、2020 年から 2021年にはマイナス 2.3 ポイントと、2 年連続で市場のマイナス成長が続いた。逆にコロナ明けの 2022 年以降は市場が回復

図 4-2 偶発購買デザインの5つの KPI「IDEAS」

5KPI 指標を定点観測しながらアクティブ4全体の拡大を図る

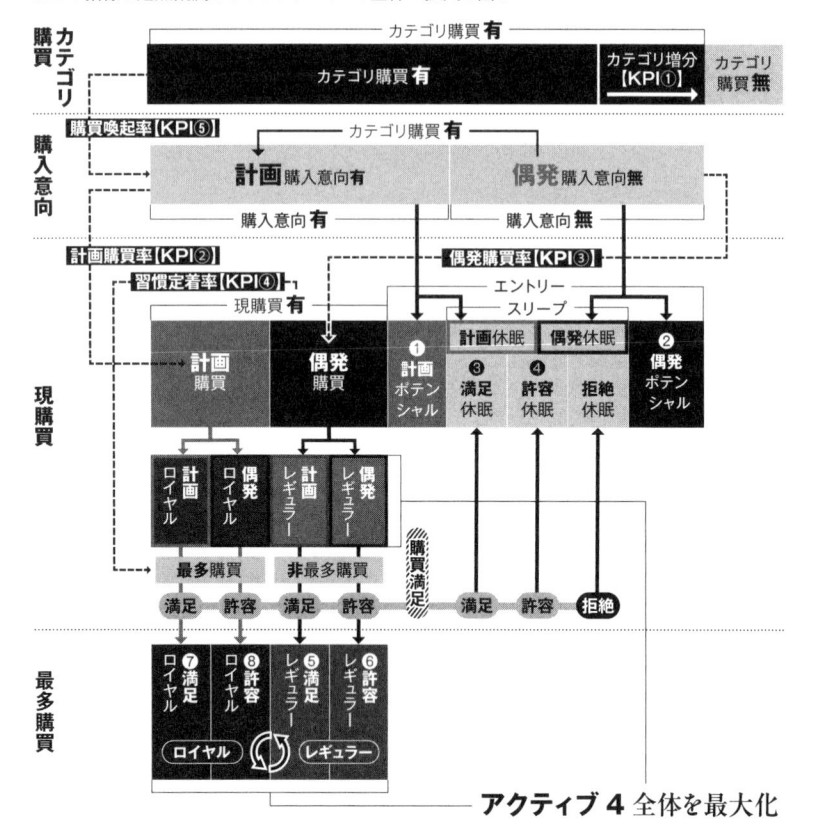

している。

　2つ目の KPI は「計画購買率（Deliberate purchase rate）」である。これは、カテゴリ購買有のユーザーのうち、DUO の購入意向があり、買うつもりがあった人がどれだけ計画購買に至ったかを示す指標である。DUO の計画購買率は 2019 年の 66.7％から、2021 ～ 2023 年には 54％前後に減少している。

図4-3 クレンジングバーム DUO の場合

	2019年3月	2020年3月	2021年3月	2022年3月	2023年3月
女性全体（N数）	(2,672)	(2,731)	(2,830)	(2,607)	(2,564)
カテゴリ購買**無**	25.5%	27.9%	30.3%	26.7%	25.7%
アクティブ4全体（現購買）	1.4%	2.8%	5.0%	5.0%	3.8%
レギュラー（現購買で**非**最多購買）	0.5%	0.9%	1.6%	1.9%	0.9%
ロイヤル（現購買で**最多購買**）	0.9%	1.9%	3.4%	3.1%	2.9%
Incremental in category purchase 【KPI①】**カテゴリ増分**	−	-2.5%	-2.3%	3.5%	1.0%
Deliberate purchase rate 【KPI②】**計画購買率**	66.7%	59.2%	53.7%	53.8%	54.0%
Encounter purchase rate 【KPI③】**偶発購買率**	0.7%	1.7%	3.2%	3.3%	2.5%
Accustomed usage rate 【KPI④】**習慣定着率**	64.1%	67.6%	68.8%	62.0%	76.0%
Stimulating purchase rate 【KPI⑤】**購買喚起率**	2.0%	3.6%	7.6%	6.9%	5.2%

カテゴリ増分　＝新カテゴリ購買**有** − 旧カテゴリ購買**有**　　　＊d-campX 関東
計画購買率　＝購入意向**有**の現購買**有** ÷ カテゴリ購買**有**の購入意向**有**
偶発購買率　＝購入意向**無**の現購買**有** ÷ カテゴリ購買**有**の購入意向**無**
習慣定着率　＝最多購買 ÷ 現購買**有**
購買喚起率　＝カテゴリ購買**有**の購入意向**有** ÷ カテゴリ購買**有**

　３つ目の KPI は「偶発購買率（Encounter purchase rate）」である。これは、カテゴリ購買有のユーザーのうち、購入意向がなかった人がどれだけ偶発購買に至ったかを示す指標である。DUO の偶発購買率は 2019 年の 0.7％から、2021 〜 2023 年には 3%前後に上昇している。計画購買率と偶発購買率の推移から、計画購買が減少し、偶発購買が増加している傾向が明らかである。

　４つ目の KPI は「習慣定着率（Accustomed usage rate）」で

ある。これは、現在購入のあるアクティブ4全体のうち、どれだけ習慣化され、カテゴリ内で最多購買するロイヤルに至ったかを示す指標である。DUOの習慣定着率は2019年の64.1％から2023年には76.0％まで上昇し、ロイヤル化が進んでいることがわかる。

5つ目のKPIは「購買喚起率（Stimulating purchase rate）」である。これは、カテゴリ購買しているDUOの購買ポテンシャル全体のうち、どれだけが購入意向有＝買うつもりのある状態に至ったかを示す指標である。DUOの購買喚起率は2019年の2.0％から2021年の7.6％と、ピークへ上昇し、その後2023年には5.2％まで下降傾向にある。

これら5つの指標の推移を見ながら、コミュニティ単位で起こる偶発購買デザインを段階的に計測・把握する。この5つのKPI指標の英語の頭文字をつなげた「IDEAS」を5KPIとして、偶発購買デザインの定点観測によりアクティブ4の顧客育成を図るのである。

5 アクティブ4のブランド回遊：真の競合を知る「流出入分析」

では、アクティブ4全体の顧客育成を図るにあたり必要なことは何か。計画購買層と偶発購買層がそれぞれ「満足」や「許容」を感じ、再購入を繰り返す。この過程で、カテゴリ内でその商品が最多購買であるロイヤル層とそうではないが購入はしているレギュラー層とを行き来する。アクティブ4内で移りゆく購買頻度や購買満足の状態変化において最大の影響を与えるのは、競合ブランドの動向である。

例えば、自社ブランドＡに対する競合ブランドＢが、複数の大手ドラッグストアチェーンでキャッシュレス決済による40％ポイント還元キャンペーンを実施したとしよう。競合ブランドＢのまとめ買いが発生すれば、自社ブランドＡのロイヤル顧客がレギュラー層に転じる可能性がある。競合ブランドＢが使用される期間が続くため、自社ブランドＡが使用されない期間も発生する。そして、40％ポイント還元で得た競合ブランドＢの購買満足度は上がる一方で、時間の経過とともに自社ブランドＡの購買満足度が「満足」から「許容」に転じることがあり得る。

　もしブランドＢと自社ブランドＡが併買される状況が多いならば影響は大きい。しかし、自社ブランドＡとの併買がほとんどないブランドＣの影響は軽微なはずだ。つまり、アクティブ４全体の顧客育成を図るためには、併買が起きているかどうかの視点で真の競合ブランドを把握することが重要である。自社ブランドＡが企業視点で競合と認識するのはブランドＣとブランドＤであるかもしれないが、実際に多くのユーザーが併買しているのはブランドＡとブランドＢであるなら、施策判断を見誤ることもあるだろう。そのため、購買データを用いて真の競合ブランドを捉える必要がある。

　では、真の競合ブランドＸをどのように発見するか。カテゴリ内で最多購買するロイヤルを競合併買もある「ベスト」と競合併買の無い「オンリー」の２層に分け、アクティブ４をレギュラー、ベスト、オンリーの３層で捉え直し、レギュラー層流出分析とベスト層流入分析を行う。

　図4-4の「レギュラー」は自社ブランドを購入しているがカテゴリ内で最多購買ではない層、「ベスト」はカテゴリ内で最

図4-4 偶発購買デザイン：アクティブ4のブランド回遊から真の競合を知る「流出入分析」

【流出分析】レギュラー層がロイヤルポジションを取られている流出先競合ブランドXを解明
【流入分析】ベスト層が優位なロイヤルポジションを取れている流入元競合ブランドXを解明

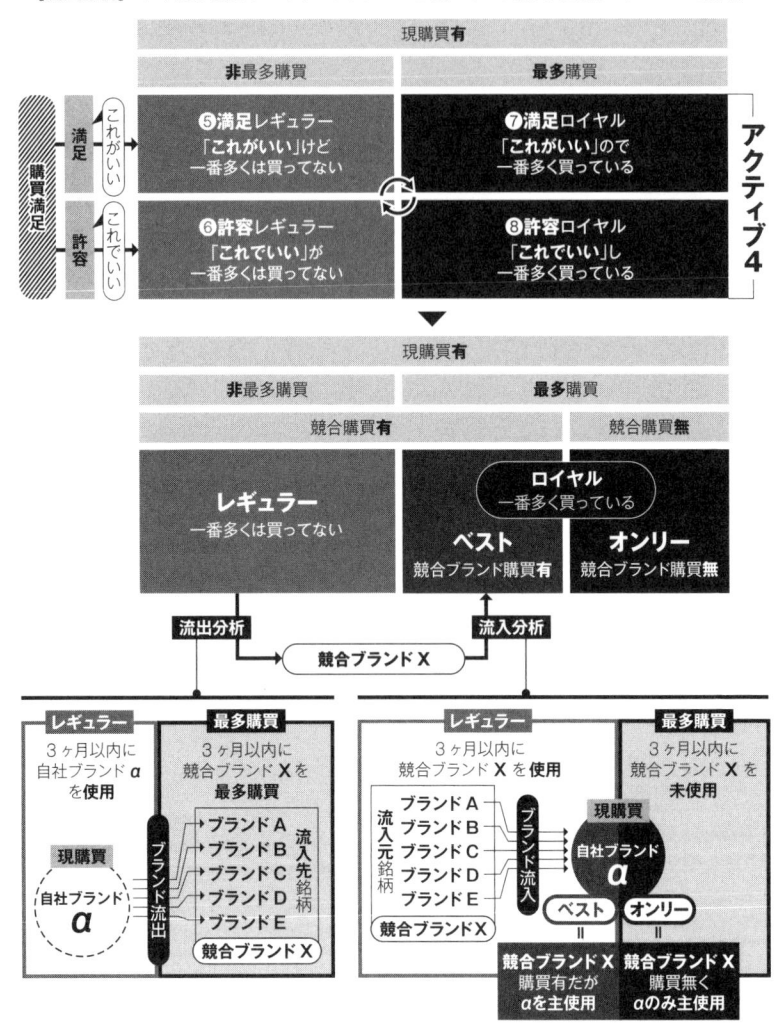

図4-5 DUO：ベスト層流入分析

DUOの**ベスト層**への**流入元銘柄**は、

その他の国産商品　無印良品　マナラ化粧品　オルビス　アテニア

この5つで**3〜6割**を占めている

2020年01月		2021年01月		2022年01月		2023年01月	
N数（女性全体）	2,903	N数（女性全体）	2,920	N数（女性全体）	2,798	N数（女性全体）	2,821
DUO主使用	45	DUO主使用	72	DUO主使用	83	DUO主使用	63
DUO主使用率	1.6%	DUO主使用率	2.5%	DUO主使用率	3.0%	DUO主使用率	2.2%
オンリー比率	37.8%	オンリー比率	47.2%	オンリー比率	63.9%	オンリー比率	73.0%
その他の国産商品	25.0%	その他の国産商品	13.2%	その他の国産商品	23.3%	ＰＢ（プライベートブランド）商品	11.8%
オルビス	7.1%	ビオレふくだけコットン	7.9%	オルビス	10.0%	その他の国産商品	11.8%
アテニア	7.1%	マナラ化粧品ホットクレンジングゲル	7.9%	マナラ化粧品ホットクレンジングゲル	10.0%	オルビス	5.9%
マナラ化粧品ホットクレンジングゲル	7.1%	その他の外国商品	7.9%	SENKA（専科）	6.7%	マナラ化粧品ホットクレンジングゲル	5.9%
無印良品	7.1%	シュウウエムラ	5.3%	ビオレふくだけコットン	6.7%	無印良品	5.9%
その他の外国商品	7.1%	無印良品	5.3%	ビフェスタミセラークレンジングシート	6.7%	ダヴ モイスチャーミルククレンジング	5.9%
その他の資生堂商品	3.6%	オルビス	2.6%	その他の外国商品	6.7%	ソフティモメイク落としシート	5.9%

＊d-campX 関東

多購買しているが競合ブランドＸも購買している層、「オンリー」はカテゴリ内で最多購買しており競合ブランドを一切買わない層を表す。レギュラー層流出分析は、自社ブランドのレギュラー層が併買しており、そのブランドによってカテゴリ内

で最多購買のポジションを取られてしまっている競合ブランドXを特定することで、流出先ブランドを把握できる。

また、ベスト層流入分析は、自社ブランドのベスト層が併買しており、そのブランドに対してカテゴリ内で最多購買のポジションを取れている競合ブランドXを特定することで、流入元ブランドを把握できる。d-campXのデータを用いて、クレンジングバームDUOのレギュラー層流出分析とベスト層流入分析を実施した。

図 4-5 はクレンジングバームDUOのベスト層流入分析を行ったものである。2020〜23年の4年間のデータに共通する流入元ブランドとして「その他の国産商品」「無印良品」「マナラ化粧品」「オルビス」「アテニア」が特定され、この5つで流入の3〜6割を占めていることがわかる。一方、具体的数値は割愛するが同じ期間のデータでレギュラー層流出分析を行うと、「その他の国産商品」「無印良品」「マナラ化粧品」「オルビス」「アテニア」「ファンケルマイルドクレンジングオイル」が共通する主要な流出先ブランドであった。

クレンジングバームDUOは、「その他の国産商品」「無印良品」「マナラ化粧品」「オルビス」「アテニア」とDUOを互いに流出入している状況がわかり、加えてファンケルのマイルドクレンジングオイルに流出することが明らかになった。このようにカテゴリ内のブランド回遊は特定のブランド群内で起こることが多く、購買データを用いて真の競合を把握することで、コミュニティ単位の偶発購買デザインの精度が向上するだろう。

6 情報回遊起点の計画購買の存在「SEDMA」「SESAS」

個人単位の計画購買は、みんなが知っている人気者をつくり、認知と興味を喚起し、購買意向を持つ人を増やすアプローチであるとここまで説明してきた。一方、コミュニティ単位の偶発購買は、リアルな友人関係を中心にコミュニティの熱狂を生み出し、購買意向の無い人に突発的な購買衝動を促すアプローチである。期待値が低いため満足度が高くなるこの偶発購買を起こすためには、次の3つの条件を満たす必要がある。

第一に、そのカテゴリの購買が認識されており、アルゴリズムによって情報の海に誘導される回遊性である。第二に、あらかじめ購入予定がなかったのに商品に遭遇し、強く魅了される偶発性である。第三に、遭遇したその場で購入を受け入れる受容性である。すなわち、偶発購買は回遊、遭遇、受容の段階をスムーズに移行する購買であり、これは偶発的に発生する購買行動モデル SEAMS の SEA（回遊、遭遇、受容）と同義である。

SEA の段階移行において、受容フェーズで受容しない場合も当然発生する。その場合、どのような購買モデルになるのか。

図4-6 は偶発購買行動モデル SEAMS において、例えば、新商品 A の購入をすればポイント還元されるプロモーションに遭遇し、興味を持ったがその場では受容しきれずに購入に至らなかったケースを説明したものだ。興味を持ったが受容しきれずに非受容の場合、下側の計画購買に移行する。AIDMA の Interest（興味）以降のフィジカル計画購買を辿ることもあるだろう。その場合は SEDMA という計画購買が起こりうるだ

図4-6 偶発購買デザインと偶発購買ファネル分析

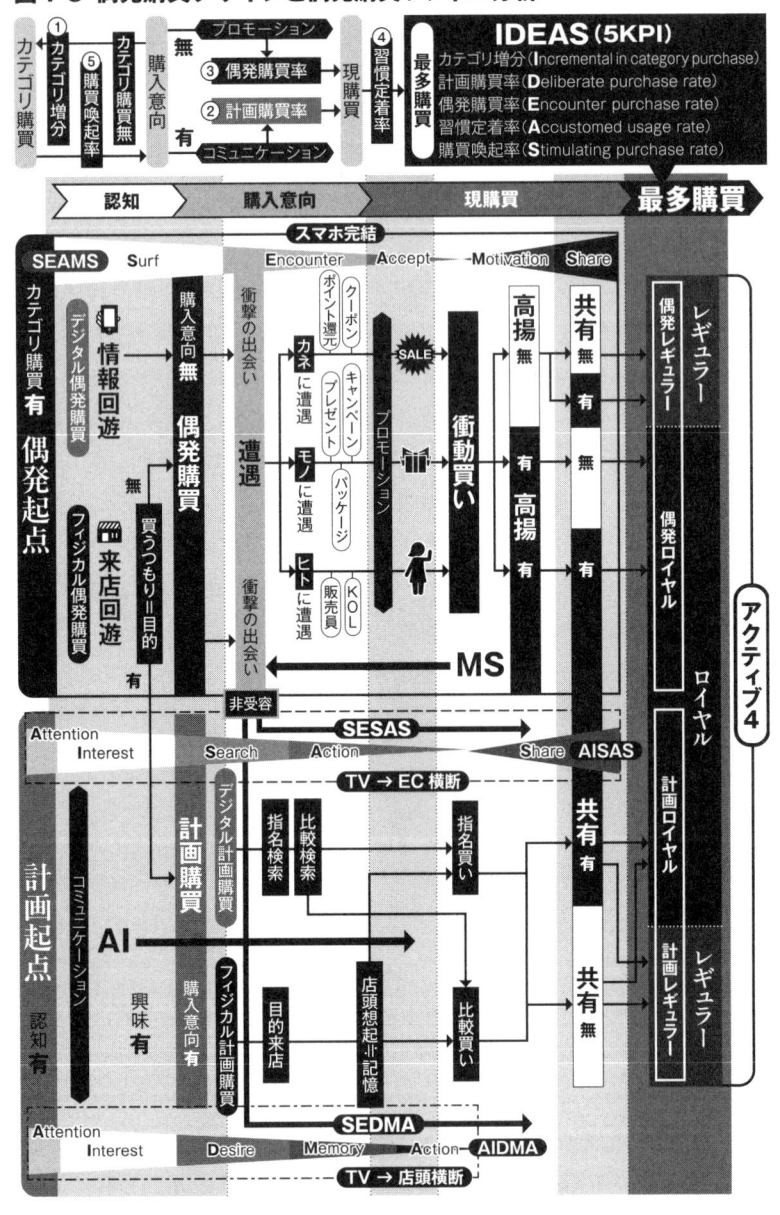

ろう。S（来店回遊時）に、E（遭遇）したものの、A（受容）はその場でされなかったが、再度何かのきっかけでD（欲しく）なり、M（記憶）を想起し、A（購買）するというフィジカルでの購買プロセスである。

　一方デジタルでは、信頼できるリア友ハイセンサーのコメントに興味を持ち、その場で受容し購入しなかったものの、後で再び気になり検索し、購入に至ったケースが考えられる。この場合、SESAS という計画購買を辿ることになる。このように、SEAMS において A の受容フェーズで購入に至らなかった場合、計画購買の流れに移行するのである。認知、興味の獲得から購入意向をつくるアプローチではなく、回遊、遭遇から始まる SEDMA や SESAS という計画購買が起きるのだ。

　さらに S（回遊）と E（遭遇）のフェーズでは、2 つの最適化が起きている。S（回遊）では、過去の閲覧、検索、購買等の行動履歴を AI が自動判定し、特定カテゴリ情報の海への回遊が知らないうちに開始する Surf Optimization が起き、E（遭遇）では、回遊中に AI が推奨する商品やコンテンツにマッチングする Encounter Optimization が起きている。

　ターゲットをセグメントした顧客起点の計画購買アプローチと、特定コミュニティに狙いを定めたコミュニティ起点の偶発購買アプローチ。2 つのアプローチを理解し、両アプローチから顧客育成を図っていくことが重要となるだろう。

7　FMCG市場における
マス型購入とマスニッチ型購入

　ここからは日用消費財に絞ってさらに購買行動に迫ってい

く。日用消費財は FMCG（Fast Moving Consumer Goods）とも呼ばれ、飲料、食品、化粧品など比較的短期間で消費される製品を指す。ジャンルや商品の種類等によって価格の幅は大きいが、その多くは購買する頻度が多いため、購買されるシーンやルーティンは似たような傾向にある。また、日常使いの商品だからこそ「今回はいつもと違うこっちを試してみよう」といった新商品トライアルも起きやすい。

　ここでは、購買に至るジャーニーや商品の種類によって、FMCG を「マス型購入」「マスニッチ型購入」の２つに分けて考える。大衆向け商品のマス型の商品、特定層のみが購入するニッチ型の商品どちらでもない、マスに育つ可能性が高いニッチ層を狙った商品を「マスニッチ」型の商品とした。そして大衆向け商品に対する購買行動をマス型購入、マスニッチ型の商品に対する購買行動をマスニッチ型購入と定義する。

　FMCG ではこれまでマス型購入が当たり前だった。大量生産・大量消費の時代において、日常的に必要な商品を安く作り、計画的に何度もたくさんの人に買ってもらう必要があった。FMCG 領域において、マーケティングの手法はまさに AI 構造、つまり認知を取ることを主眼に置いた活動だった。TVCM を使い、誰もが知るタレントを起用して、常に想起される状態を保つためのコミュニケーションがなされた。しかし昨今、ユーザーの変化によって、誰もが欲しい商品より私だけにピッタリの商品が求められるようになっている。FMCG においても、全員に受け入れられる商品でブランドの認知を上げていくことが、必ずしも正解ではなくなった。

　マスニッチ型の偶発購買を生み出している事例として、カルディコーヒーファーム（以下カルディ）を挙げたい。店頭で配られるコーヒーを持ちながら店内を回遊していると、所狭しと珍

しい商品や欲しいと思わせる商品が工夫された POP と共に並べられている。エスニック料理や見たこともないフルーツのジュース、目新しい調味料など、訪れた人すべての普段の食卓に必要不可欠とはいえないが、特定の人には「我が家にぴったり！」と思える商品が点在しており、衝動買いしたくなる導線が設計されている。最後にレジ横にはダメ押しのように何十種ものコーヒーが置かれていて、見ているだけで選びたくなる。

商品・店舗設計・ブランドづくりなど、どの切り口においてもワクワクする気持ちを醸成できているからこそ、カルディでは店員やバイヤー自身が自社商品やブランドのファンであることも多く、同様に自発的に SNS にレビューを投稿するカルディマニアも多数存在しているなど、ステークホルダーのブランド愛が強いのだ。

カルディマニアはブランドへの信頼度が非常に高く、何度も立ち寄るたびに偶発購買を行う上、SNS では自身のソーシャルステータスを構築するのにカルディを活用している。カルディで買った商品を並べるだけでも、家の一部が異国情緒溢れる空間に変化し、"映える"のだ。こうしてあれもこれもといで買いが増えていき、結果として別の場所で買うはずだった「ポテンシャル計画購買」すらも偶発購買へとスイッチさせている。何度もカルディに足を運ぶ中で、次はあのおやつを買い溜めしておこう、といった新たな計画購買も醸成されていく。

同じ FMCG でも、化粧品では計画購買と偶発購買が混在している。これまでもマス型商品で市場において存在感を発揮してきたコーセーは、メジャーリーグで活躍する大谷翔平選手をイメージキャラクターとして各ブランドで起用、偶発的に出会った男性にすら購入されるなど、これまで以上に誰もが知る

ブランドとしての地位を揺るぎないものにしている。一方、昨今では韓国や中国のコスメ、国内新興企業のコスメなど、市場シェアが小さくともその世界観やナラティブを SNS やレビューサイトで伝達しつつ、ユーザー側の使用レビューを蓄積していくことで、若年層を中心に急激に売上をつくっている例が多数出現している。これらのブランドでは、主に初期段階でオンラインでの売上をつくりながらカテゴリ内でマスニッチ商品としてのポジションを確立。そして第二波を生み出すべく、インフルエンサーや国内タレントを起用して交通広告を実施しながらリアル店舗にも展開していくことで、マス商品化するブランドも出てきている。

　押さえたいポイントは、マス型購入をする人物とマスニッチ型購入をする人物は同一であるという点だ。同じ人物に対して、2 つの攻め口がある。とある商品やキャンペーンでは認知や想起を促し、購入意向を形成し、計画購買を起こすマス型購入を促す。別の商品やキャンペーンではそのコンタクトポイントに触れた人のブランド受容におけるツボを突き、試してみようというトライアル的な衝動買いを起こして、マスニッチ型購入を促す。購入後は、何度も買ってみたいというモチベーションを継続的に生み出すよう働きかける。

　この繰り返しによって、購買層のコミュニティを広げながら独自のポジションを確立し、ユーザーの満足度を高めていくことができる。なお、マスニッチ型商品においては、計画的に買ってもらう意図でブランドの USP を訴求しても新たな顧客には広がりづらいことには注意したい。思いもよらないコミュニティの、思いもよらない「痒いところ」に手が届くことで、思いもよらない発話が自走していく。「商品の余白」を意識したブランド開発を心がけたい。

また、特定のコミュニティや特異な界隈での話題化を起点とした広がりを生むには、人物のブランドとの関係性や行動の軌跡を追っていくことが必要であり、そのためのデータ活用も検討したい。これまでFMCG領域はデジタル導線が無いためデータの取得が難しいとされてきたが、昨今では購買データとIDの紐づけにより、購入者の意識価値観や普段のデジタル行動を明らかにすることも可能となってきた。

　どんな経路で、何に魅力を感じて自社ブランドを買ってくれたのか。初回購入者であれば、元々買うつもりがあったのか。再購入者であれば、カテゴリにおける自社ブランドの優先度はどの程度なのか。これまでに自社ブランドをどの程度購入してくれたのか。普段接している情報ソースは何で、自社ブランドと遭遇できるコンテンツは提供できているのか。これまでの購入者と所属するコミュニティに違いはあるのか。蓄積されたデータを活用してカスタマージャーニーを緻密に紐解き、時にはアイデアジャンプを起こしながら顧客に合った形で顧客体験（CX）を再設計していくとよいだろう。

　日用消費財は特性上、頻度の高い購入が見込める。だからこそ、瞬間的な売上の最大化を目指すだけではなく、中長期的な視点を持って計画購買と偶発購買を行ったり来たりする持続可能な事業成長状態を目指し、FMCGにおける購買行動を攻略していきたい。

アサヒビール ヒット商品連発の秘訣は
インサイトに立脚した開発体制にあり

「アサヒスーパードライ 生ジョッキ缶」「アサヒ生ビール（通称：マルエフ）」など、近年ヒット新商品を連発しているアサヒビール。その背景には、同社の商品開発体制の変化がある。アサヒビールのビールマーケティング部部長の倉田剛士氏に、同社がヒット商品を生み出し続ける秘密を聞いた。

マーケティング担当とＲ＆Ｄ担当が一体となって開発

倉田氏は、アサヒビールとしてこれまで数々のヒット商品を世に送り出してきたヒットメーカーだ。彼が語る成功の秘訣は、「ワクワクするかどうか」だという。

倉田氏によれば、「おいしいだけでは心は動かない。既に世の中もおいしいものだらけなので、おいしいビールを作るだけではなく、そのビールがあるから楽しい人生をつくる会社でありたい」という想いが根底にある。

組織としてもこの考え方が根づいており、社内で行われたアサヒ生ビール（通称：マルエフ）の年次事業計画説明では、「内容が正しくても、ワクワク感がなければ成功しない」と役員からの指摘があったという。事業として正しい方向性を持ちながらも、現代の生活者の心を動かすことができるかどうかを常に求められている環境が、ヒットを生み出しているのだ。

ここ数年、商品開発においてアサヒビールではマーケティング担当とＲ＆Ｄ担当が一体となっている。これにより、１人の顧客に焦点を当てて行動・心理を分析し、Ｎ＝１のリアルなインサイトに基づいた提案が可能となったそうだ。例えば、

ある研究者が自分の妻の日常生活におけるお悩みをベースにしたアイデアを持ち込み、それが製品化へと進んでいくこともあった。以前は「おいしいものができました」というシーズとしての提案が多かったが、組織全体で意識改革を推進するために現在ではマーケティングの勉強を研究者にもさせており、これによりマーケティングの視点からインサイトを探し、コンセプトを考える力が研究所でも養われている。

　また、倉田氏はマーケティングにおいて組織づくりが重要だと強調している。「コンセプトをつくるのはマーケターの仕事」という従来の請負型の仕事の進め方から、研究者やデザイナー、広告会社など多様なステークホルダーを早い段階からチームへと巻き込むことで、一体感のあるプロダクト作りが可能となる。ブランドマネージャーと呼ばれるブランドの責任者についても、各部門の意見を集約し、プロジェクトのハブとなる役割を果たすことでブランドマネジメントをリードしている。このように、組織全体で協力し合いながら、互いの意見をすり合わせて消費者の心を動かし、インパクトのある商品を生み出している。

マルエフ横丁の成功と情緒的価値の意義

　マルエフが実施している施策のひとつである「マルエフ横丁」は販売促進に大きな役割を果たしている。「九州のみなさん、おつかれ生です。」など、地域に根ざしたメッセージを発信。これによって地域住民やエリアとの深い絆が生まれて売上が増加し、さらに各地区の営業担当のモチベーション向上にもつながっている。

　こうした地道な取り組みは、アサヒビールとして重視している商品に対する情緒的価値を高める一環であり、マルエフにお

全国各地にイベントカーが訪れる「出張マルエフ横丁」

いてはビールの「癒し」や「ぬくもり」といった感情的な価値を重視した一例だ。マルエフ横丁は典型的だが、マルエフは「ハートウォーミングビア」としてのブランド価値を確立しており、このコンセプトに基づいた広告やイベントを一貫して展開している。コロナ禍で「おつかれ生です。」というキャッチコピーが生まれ、人々の心を癒すメッセージとして受け入れられたことも、記憶に新しい。コンセプトに基づく一貫性あるマーケティング活動が、ビールを単なる飲み物から人々の心の支えとなる存在へと進化させている。

　倉田氏は、「マルエフの価値を伝えるために、体験を通じて人々の気持ちに寄り添いたい」と語る。実際マルエフ横丁では提灯で装飾したり浴衣のスタッフを立たせたりと、ぬくもりを感じさせる要素を取り入れている。訪れた人々が癒しを感じ、ビールとの絆が深まる仕掛けが随所に盛り込まれているのだ。

こうした丁寧な情緒的価値の提供が、マルエフの成功につながっている。

　マルエフに限らず、アサヒビールの商品開発においてはターゲットの「気持ち・気分」を重視したマーケティング戦略に基づいている。倉田氏は、「ターゲットが『人』ではなく、その人の『気持ち・気分』を捉えている」と説明する。例えば、アサヒ スーパードライが「気持ちが高揚するビール」であるのに対して、マルエフは「癒しを与えるビール」として位置づけられている。こうした情緒的価値の違いを明確にすることで、消費者にとってのビールの選択肢を広げている。

ホワイトビールと生ジョッキ缶でのチャレンジ

　さらに昨今、アサヒビールから発売されている興味深い２つの商品についても話を聞いた。「アサヒ ホワイトビール」と「アサヒスーパードライ 生ジョッキ缶」だ。

　ホワイトビールは、若年層や女性に向けた新しいビール体験を提供するために開発したという。従来のビールが持つイメージを覆し、「エモい」というコンセプトを前面に打ち出した。倉田氏は、「押しつけがましくない、新しいビールを目指した」と語る。パッケージ案も「マジックアワー」というコンセプトに基づき、エモさを強調。「日本で一番エモいビール」になろうというスローガンのもと開発した結果、SNS での投稿量も想定以上で、多くの若者のビールを飲む入り口をつくれた実感があったという。

　ホワイトビールの開発プロセスで「エモい」にフォーカスした背景となったのは、開発初期に行った若年層がビールを手に取らない理由についての徹底的な調査だった。「押しが強すぎる」といった意見や「飲みやすいという言葉は響かない」とい

2023 年発売の「アサヒ ホワイトビール」

2021 年発売の「アサヒ スーパードライ 生ジョッキ缶」

う現実が浮かび上がり、「エモい」という感覚に基づいた新しいビールの提案を行うことで若者たちに共感を呼び起こせるという仮説を立てた。倉田氏は、「日本で一番エモいビール」というコンセプトが、ホワイトビールの成功につながったと語る。

　一方でシーズ側から生まれた革新的な商品、生ジョッキ缶は、缶の内側にクレーター状の凹凸を作ることで泡が出る仕組みを取り入れ、SNS で大きな話題となった。倉田氏によれば、「従来泡が出てしまうのはタブーと考えられてきた。ある時開発チームから缶の蓋が全開する技術と内側に凹凸を作る技術を組み合わせてもいいのではないかというアイデアが出てきた」とのこと。開発中に行った調査では、インタビュー内で既に驚きや楽しむ方々の様子が多く見られ、「これだけ楽しんでいただけるなら」という想いで発売に踏み切った。実際発売後も SNS での話題性が高く、吹きこぼれるという予想外の現象もエンターテインメントとして楽しんでくれるユーザーが多く見受けられた。結果的にスーパードライブランド全体の売上も急上昇したそうだ。

どの商品も新しい飲み方や商品のあり方を提示しているようにも感じるが、これらの取り組みは、アサヒビールのマーケティング戦略の根幹である「ワクワク感を大切にしながら、消費者との新しい関係を築くこと」に基づいている。

　倉田氏は、「お客さんが共感できることや仲間として受け入れてもらえることが重要」と語る。大きな話題を呼んだ人気ロックバンドONE OK ROCKとのコラボレーションも同様だ。スーパードライを推すだけでなく、ONE OK ROCKを推しているコミュニティにブランド側から入っていくことで、ファンとの一体感やうねりを生み出そうとしている。このコラボでは、コンサート参加者からも「スポンサーの酒を飲むしかない！」といったポジティブな反応が得られており、音楽とビールの融合を通じて新たな顧客層を開拓しているといえるだろう。

　情報回遊時代において、単なる商品開発にとどまらず、消費者との新しい関係を築くための試みを絶やさないこと。商品の背後にあるストーリーや生活者が感じる情緒的価値を丁寧に紐解きながら開発を進めること。こういった意識こそが、消費者の心を掴み続けるのだ。

　アサヒビールにおける、今後のさらなる革新的な商品の提供から、目が離せない。

観戦体験の多様化により
進化するスポーツマーケティング
マーケティング視点からのBリーグ考察

林 将宏

■ ポストコロナのスポーツ観戦市場とファン

ポストコロナの時代に突入し、スポーツ観戦市場が活況を呈している。スタジアムやアリーナでの観戦体験が多様化し、スポーツ観戦自体の楽しみ方が変わってきている。

日本の主要プロスポーツリーグでも、過去最高水準の大台を突破したリーグやクラブがある。その要因のひとつに、観戦体験の多様化によって、これまで競技自体にあまり興味のなかった人も、スポーツ観戦に面白さや楽しみを感じ、新たにスポーツ観戦市場に流入していることがある。

またファン化醸成における特徴として、競技や選手に全く興味はなかったが、友人に誘われて観戦したことをきっかけに、特定クラブや注目選手等の"推し"を見つけ、ファン化に至る。さらにそのファンが新たな友人を連れて行くという、「誘い・誘われ」のメカニズムが大きく作用しているのが近年の特徴である。

スポーツ観戦におけるカスタマージャーニーも、当初の「自らが主体的に"競技"の情報を取得→観戦→ファン化」ではなく、「誘われて会場に行ったらとても楽しく、また、気軽に友達を誘って行く」と多様化が進んでいる。必ずしも来場意欲が競技に限定されなくなってきていることが大きな特徴だ。

こうした行動を生み出した背景は、リーグやクラブ側のマーケティング力の強化、プロデュース力の強化によるところも大きい。ライブエンターテインメントとしての観戦体験の向上、

メディアや企業とのタイアップ、情報発信のリッチ化（公式SNS や YouTube チャンネルの整備）など近年のリーグやクラブ側のマーケティング力強化により、観戦体験の多様化は確実に進んだ。

　例えば、日本マーケティング大賞 2023 を受賞した北海道日本ハムファイターズの北海道ボールパーク F ビレッジ内「エスコンフィールド HOKKAIDO」では、誰かを誘いたくなる仕掛けがたくさんあることで、野球を知らない人でも楽しめる場を提供している。例えば、子どもたちと大きな広場で遊べたり、試合中には北海道のグルメを楽しみ、試合後には温泉につかって帰れたりもする。このように各プロスポーツにおける観戦市場は熱狂的なマニアやコアファン、特定のチームを応援するといった競技観戦が目的ではない来場者を獲得し、ファン増加と観戦体験の多様化を進めている。

▌カスタマージャーニーの変化と SEAMS モデル

　スポーツ観戦のカスタマージャーニーもまた、地上波のゴールデンタイムにスポーツ中継が楽しまれていた時代から現在にかけ多様化している。

　旧来のスポーツ観戦におけるジャーニーは、スポーツニュースや情報バラエティ等の TV メディアで競技を認知した後、ネットニュースや SNS で調べて興味を高め、チケットを購入して試合会場に行くというものだった。そして、その競技をものすごく好きになればファンクラブに加入し、コアファンとして育つ。旧来のスポーツ観戦ジャーニーでは、まず観戦欲を高めるスポーツニュース等露出面が大きい地上波での接触がとても重要な入り口として機能していた。そのため、地上波のニュースやバラエティでの報道量がファン人口の多さのバロメーター

になっていた。もちろん、現在でもひとつの入り口であり、バロメーターであることに違いはないが、数多ある入り口のひとつにすぎなくなっている。

現在では、誘い誘われ、特に初めての人が誘われた時に行ってみたいと思う情報に遭遇しているか、遭遇の多様性が重要になっている。友達がシェアしている投稿、ネットニュースやタイムラインに流れてくる投稿、アスリートから発信されるコンテンツ（投稿や YouTube チャンネルなど）、リーグやクラブのマーケティング施策など、その情報の形は多様化している。つまり、様々なところに偶発的な出会いは溢れているのだ。

図4-7 「SEAMS」視点で見た、ファン化拡大に寄与する起点の多様化

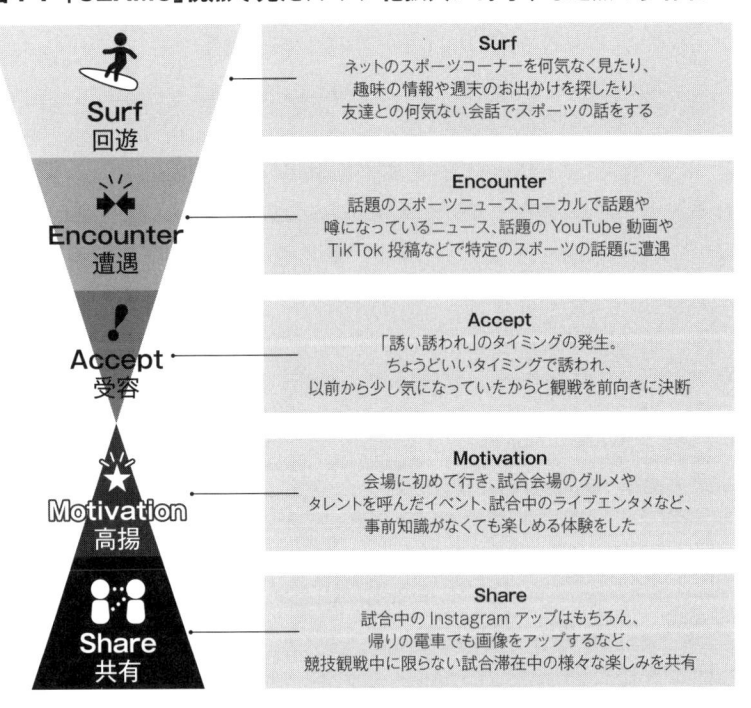

こうしたファン化拡大に寄与する起点の多様化を、「SEAMS」の視点で俯瞰してみると**図4-7**のような整理になる。

[**回遊（Surf）**]　ネットニュースのスポーツコーナーを何気なく見たり、趣味の情報や週末のお出かけを探したり、友達との何気ない会話でスポーツの話をすること（もちろん、特定のクラブへの興味はこの段階でない）。

[**遭遇（Encounter）**]　話題のスポーツニュース（例　日本代表の活躍）、ローカルで話題や噂になっているニュース、話題の YouTube 動画や TikTok 投稿などで特定のスポーツが話題になっていること。

[**受容（Accept）**]　ちょうどいいタイミングで"誘い"があり、以前から少し気になっていたので一度観戦しに行ってみようかと前向きに決断すること。「誘い誘われ」のタイミングの発生。

[**高揚（Motivation）**]　会場に初めて行って見ると、試合会場のグルメや、タレントを呼んだイベント、あるいは試合中のライブエンタメなど、競技に対して事前知識がなくても十分楽しめると感じたこと。

[**共有（Share）**]　試合中の Instagram アップはもちろんのこと、帰りの電車で画像をアップするなど、競技観戦中のことだけではなく試合滞在中の様々な楽しみを共有。

　特に、誘い誘われのメカニズムにおいては、［受容］以前に誘われた時に行ってみたいと思う情報に触れていることが大切と述べたが、そうした人々が競技にハマる時のポイントが［高揚］である。高揚をつくり上げることがリーグやクラブのマーケティングの腕の見せどころなのだ。選手のパフォーマンス、

試合のライブ感はもちろん、その周辺でのエンターテインメント、飲食しながら友達と観戦を楽しめた体験など昨今では高揚体験も実に多様化している。その［高揚］を感じた結果、また競技を見にいくだけではなく、そのスポーツを体験するために訪れる。そして、訪れて楽しかったことを［共有］し、スマホを回遊する人たちへと情報を循環させる。

　つまり、旧来のスポーツ観戦市場で当然だった好きなクラブや球団を持つこと、注目選手情報を調べておくことといった、事前の競技知識取得がなくても、観戦での高揚する体験を通じ、すぐにスポーツコミュニティに入っていける。スポーツ観戦へのアクセスが大きく緩和され、観戦者やファンの増加に大きく貢献している。そうした、マーケティング起点からコンテンツを近年大きく発展させてきたのが B リーグである。

▎ B リーグの観客動員の増加とファンの特徴

　2016 年に誕生した B リーグはプロスポーツリーグの中で、エンターテインメント性の高い空間を提供するユニークなリーグである。観客動員数は開幕以降増加しており、2023-24 シーズンでは、「FIBA バスケットボールワールドカップ 2023」の盛り上がりの影響もあり、B1 ／ B2、プレーオフなど合わせて総入場者数 451 万人という過去最大の入場者数を記録している。

　B リーグを訪れるファンの特徴を表すキーワードは「多様性」である。Z 世代を中心とした若年層、小さい子どもを連れたファミリー層、さらには祖父母を加えた 3 世代のファミリー層、" 推し活 " 目的の女性同士のグループ、バスケではなく音楽ライブを楽しみに来場するファン等、多様な人々がアリーナを訪れている。

そうした多様な人々の心を動かす魅力は何なのか、さらには、スポーツ観戦に興味がなかったファンを振り向かせるマーケティングについて、Bリーグの佐野正昭専務理事と佐久間遼執行役員に話を伺った。

■ リーグ全体としてのマーケティングの考え方

佐野氏は「マーケティングで最も重要なことは、『誘い誘われ』に基づく観戦体験の拡大であり、その中でも『誘われた時』の温度感をいかに温めておけるかを重視している」と話す。さらに、新たなファンづくりにおいては、3回以上来場してもらうことに主眼をおいており、試合だけに限らず様々な体験をしてもらうことがファン化につながると考えている。

特にBリーグにおいては、「モノ消費」から「コト消費」、そして「イミ消費」での来場を目指し、スポーツ観戦という目的にとどまらず、「推し活」や「ライブエンタメ」、または「地域を応援する行動」として来場を促すことを実施している。来場者に対して、試合の盛り上がりはもちろん、誰もが参加しやすい応援、イベントやチアリーダー、アーティストによるライブパフォーマンス、飲食、子どもが安全に楽しめる環境など、あらゆる方向から多角的な魅力をクラブが提供している。

佐野氏が語るように、アリーナで体験する「意味」をつくることが新たなファンを獲得する上でとても大切なことである。またこのような体験を伝えていくために、スポーツ関連メディアだけでなく、週末おでかけ、グルメ、あるいは旅行といったスポーツ以外のメディアへ積極的にPRを図り、SNS戦略においてはUGCでの拡散を特に大切にしているのが特徴だ。特筆すべき事項としては、Bリーグでは、SNSにおいて写真投稿、15秒までの動画投稿を許諾しており、ファン自らBリーグの

魅力を発信し拡散する仕掛けとしても機能している。これらは、マーケティングマネジメント観点においてクラブへの興味関心や消費金額にとどまらず、「会場に辿り着くまでの高揚感」「試合での高揚感」「観戦後の話題拡散」等につながっている。

▌好きになったファンとの関係性の継続

先ほど出てきた「3回以上来場」というキーワードを中心にファンとの関係性を継続していくため、様々な施策が展開されている。佐久間氏は「3回来場してもらうための CRM 対策として、来場者へのサンクスメール、様々な2回目・3回目の来場施策提案、バスケット LIVE での視聴提案などを B リーグ統一のプラットフォームを通じて全クラブで徹底して実践している」と話す。

その中でもファンとの最大の接着ポイントはやはり X を中心とした SNS 施策だ。そこで試合だけではなく、選手の人柄や、プレー以外での話題化を常に発信していくことがポイントと考えている。さらにマーチャンダイジング（MD）、サブライセンスによる商品販売、推し活グッズの開発など、新しい楽しみ方を提供する仕掛けを積極的に企画していると語る。

まずは3回以上の来場を目標に、常に SNS や MD 施策などにより多角的な魅力を発信することに加え、バスケット LIVE（バスケ専門の動画配信サービス）で全試合が視聴できる環境をつくり、会場に行かずとも絶えずリーグとファンがつながっていられるように設計されている。

また、マーケティング戦略を鑑みた年間カレンダーづくりも計画しており、B リーグの年間盛り上がりもクラブと連携して仕掛け、リーグ主導で、シーズン先出し開幕やクリスマス・年末年始・バレンタイン・チャンピオンシップなど大きな盛り上

がりを生む施策を実施しているという。「昨今では年末年始の帰省に合わせた"里帰り観戦"も増えており、シーズン施策としては大成功している」という。

こうしたマーケティングの仕組みは、クラブへも研修や情報共有という形で共有されており、全国のクラブマーケティング力の底上げを実現している。

■ 多様な観戦体験とファンを増加させるためのポイント

未経験の観戦に誘われた時に、既にBリーグの試合に行きたいと動機形成できていることがポイントだと書いたが、動機形成に寄与するのは近年のトピックスでいえば次のような出来事である。例えば、FIBA バスケットボールワールドカップ 2023 での日本代表の大活躍と、全国での新アリーナ増設のニュースなどとの［遭遇］。河村勇輝選手をはじめとする日本代表の目まぐるしい大活躍が話題になることで、お目当ての選手・クラブなど「観に行く理由と興味」ができた。この時は、代表選手の検索量が4倍になるなど、遭遇が検索行動を生んだ。日本代表選手が来る会場には、ホーム戦のみならずアウェイ戦においても来場者が急増加しているという。

また、新アリーナの増設に関しては、新スポットができたので行ってみようという「お出かけ」動機が新たな入り口として機能している。例えば、2023-24 シーズンでは、佐賀バルーナーズがホームとする「SAGA アリーナ」や群馬クレインサンダーズがホームとする「OPEN HOUSE ARENA OTA」が注目を集めた。

OPEN HOUSE ARENA OTA については、太田市民のみならず、前橋市民、高崎市民といった近隣市民による来場も増えており、アリーナを契機にした新しいファン獲得が進んでいる。

りそなグループ B.LEAGUE 2024-25 シーズンには、千葉ジェッツがホームとする「LaLa arena TOKYO-BAY」、長崎ヴェルカがホームとする「HAPPINESS ARENA」、神戸ストークスがホームとする「GLION ARENA KOBE」が、2025-26 シーズンにはアルバルク東京がホームとする「TOYOTA ARENA TOKYO」が開業予定で一層の注目が上がることは間違いない。

　高揚からファン化の流れにおいては、最初は「推し活」をはじめとしてお目当ての選手目的での観戦だったが、結果的に観戦回数を重ねることで、推し活だけでなく"クラブを観戦したい"という動機に移行するケースも多い。これには現在全国各地で計画が進んでいる新アリーナの誕生が大きく影響しており、バスケの魅力に加え、アリーナエンタメとしてファンを惹きつけている。

　Ｂリーグの特徴的なポイントは推し活であり、選手もまた重要な要素である。バスケの特性として、選手との距離が近く（ファンサービスのレベルも高く、また、情報発信が選手からも積極的である）、活躍している選手のキャラが立っていることが挙げられる。それもあって、推し活という、音楽やアイドル同様の動機形成が強く効いている。これまでスポーツでは憧れや好きな選手を応援するという動機は多くあったが、より深くその選手とつながっていたい、その選手を試合以外の場も含めて応援したいという、つながりが強い動機形成になっている。たとえ、Ｂリーグの最初の観戦目的が音楽イベント等のエンタメであったとしてもその会場で推しの選手を見つけ、推し活にはまっていくファンは多数いる。実際に、年間表彰を行う B.LEAGUE AWARD SHOW では来場者の９割を女性が占めるなど、推し活としての熱量も年々高まっている。

■ クラブの取り組みから見る偶発的な出会いとファン化

　選手が生み出す試合での熱狂の一方で、クラブの取り組みはどうか。東京都をホームタウンにし、来場者を増加させているアルバルク東京のマーケティング室 清水俊太郎室長は「観客動員増には、これまでバスケとは関わりのなかった人たちに、まずは魅力を伝えていくことが大切。アルバルク東京では、子どもたち、そして他のスポーツのファンへ魅力を伝えることも大切にしている」と話す。

　前者は、東京都の様々な自治体や教育委員会と連携し、直接学校へチラシを配布したり、様々なグラスルーツ活動を通じて、バスケやクラブの魅力を伝えている。そうした草の根の活動を通じて、デジタルだけでなくリアルにバスケに触れてもらうことを重視している。また、読売ジャイアンツや FC 東京など東京をホームタウンにするチームで構成する「TOKYO UNITE」の一員として、各チームとマーケティングで連携している。

　例えば、ファンクラブの相互誘客やイベントの開催など、他のスポーツのファンへアルバルク東京の魅力を発信している。そうすることで、いざ試合に誘われた時に、会場に行ってみようという気持ちになりやすい。偶発的な観戦を生み出すためには、日本代表の活躍など全国的なニュースだけではなく、そうした草の根からの活動による土壌づくりが大切である。

　そして、実際に会場でお客様にどのように楽しんでもらうのか。アルバルク東京は、お客様が会場に来てから帰路に着くまでのカスタマージャーニーを意識し、ホスピタリティ精神でお客様の満足度を高めている。「初観戦時にどれだけストレスなく過ごしてもらえるか」、それが再来場やファン育成への第一歩である。実際に、チケットの引き換え、入場への待機列、会場内の案内、座席への導線、トイレ、物販などチェックポイン

売店で選手とコラボしたオリジナルメニューを販売 ©ALVARK　TOKYO

親子連れも楽しめるキッズスペースも充実 ©ALVARK　TOKYO

トは多数ある。

　また、新規のお客様の［高揚］をどのようにつくるか、試合以外でのゲスト登場でのサプライズ性、楽しみ方を教えるバスケのルール説明映像、応援練習（with マスコット、チア）、選手プロデュース、マスコットプロデュースのオリジナルフード／ドリンクなど、試合の勝ち負けに依存せず、マーケティング観

点からお客様体験を拡充し、［高揚］をつくりだすポイントは多くある。平日には、アリーナを一種の同僚同士で盛り上がれる場として位置づけ、ハッピーアワーの提供を行う場合もある。

また、子ども連れでの来場も大切にしており、キッズスペースなども充実させ、試合を楽しんでもらうだけなく、素敵な休日を提供する目線も大切にしている。

こうした体験は、UGC を通じて、拡散され、新たなお客様を生み出す土壌になる。例えば、アルバルク東京の魅力をファンに SNS で拡散してもらうキャンペーンを展開し、来場者側の体験から観戦の楽しみを拡散させているという。

アルバルク東京は、2025 年からホームアリーナが江東区の「TOYOTA ARENA TOKYO」へ移転する。清水氏は「バスケを見たことがないお客様にもどんどん驚きや楽しみを提供できるよう、アリーナ内の体験をアップデートする。ラウンジやスイート拡充、より臨場感のあるプレイヤーズラウンジの設置などホスピタリティも拡充される」と話す。スポーツ観戦のアップデートを通じて、B リーグの体験は日本のライブエンタメを大きく成長させている。

■ 構造改革「B. 革新」で これまで以上に多様な体験の創出を目指す

B リーグは 2026 年に「B. 革新」というリーグの構造改革を予定している。この改革を通じて、新たなリーグの魅力拡充、新たな多様な体験の創出を行うことで、これまで以上の偶発的な出会いやさらなるファン人口の拡大が予想される。中でも、ドラフトとサラリーキャップ制度導入、新アリーナの拡大、未就学児など若年層への取り組み強化が行われ、これまで以上に多様な体験が創出される。そのため、偶発的な出会いがさらに

増加し、競技とはこれまであまり縁がなかった人たちへもさらに開かれたリーグとなっていくであろう。

第 5 章

モバイルパンデミック時代の
新価値自走型
プロダクト開発

1 モバイルパンデミック時代、キーワードは「モバイる」

第1章から第4章までで述べてきたことは、日本社会中心に起こっているSNSやコミュニティ起点の偶発購買を、プライベート情報やリア友ハイセンサーなどの独自の理論としてまとめたものだ。つまり「過去」に起きたことの理論体系化といえる。この章のテーマである新価値自走型のプロダクト開発は、「未来」をどう創発していくかという内容だ。

第2章では、ユーザー発のプライベート情報がスマホ上で力を持ち始め、ユーザー発のUGCがつくるユーザーブランドが重要になったと述べた。さらに第3章では3つのKOLをリレーしてコミュニティ単位で消費が広がっていくコミュニティ普及理論を説明した。偶発購買においては、ユーザーが発信するスマホ上のコンテンツとしてプライベート情報が創発されやすい、自走しやすい情報設計が鍵になるといえるだろう。「創発され自走するプライベート情報設計」を考えるにあたり、まずはスマホ上に生成されるコンテンツの3つの型を押さえておきたい（**図5-1**）。

スマホ上のプライベート情報には、「モ」萌えるコンテンツ、「バ」映えるコンテンツ、「イ」癒えるコンテンツ、の3大コンテンツがあると考え、「モバイる」とした。ここでいう萌え・映え・癒えの定義は、辞書的な意味とは異なることをあらかじめ断っておく。

「萌え」は、「あるやり方で発見した隠れた魅力に驚いて生まれる愛着」とした。プライベート情報の発信者は、気づいていない隠れた意外な魅力を独特の表現で言い当てることで萌えを

図5-1 プライベート情報の3大モバイルコンテンツ

ユーザーが発信するプライベート情報モバイルコンテンツの3つの型「モバイる」

	萌（モ）えるコンテンツ	映（バ）えるコンテンツ	癒（イ）えるコンテンツ
	意外な文脈 （テキスト）	**魅了する感性** （フォト／ムービー）	**嗜好の特癖** （フォーマット）
流行語 ノミネート	2005年 （メイド喫茶、ギャップ萌え）	2017年 （インスタ映え）	1991年 （癒し系）
定義 （必ずしも 正しくない）	あるやり方で発見した 隠れた魅力に 驚いて生まれる愛着	外面的に見栄えする 被写体の美しさで 魅了すること	アットホームな安心感で リラックスできるよう 心和ませること
発信者 視点	気づいていない 隠れた意外な魅力を 独特の表現で言い当てる	色彩、コントラスト、ライティ ング、構図、背景を 自らのセンスで選択する	心理的につい惹かれて しまう特癖を 定番フォーマットでくすぐる
本質	**文脈萌え（ユニーク）**	**共感映え（センス）**	**嗜好癒え（フェチ）**
発信を 一言で	**このやり方私だけ？**	**この感性が私は好き！**	**これが私の●●な考え！**
事例	インスタント麺は3分より 10分がおいしい （この食べ方、私だけ？）	ファストファッションでも 高見えコーデ （このコーデ、私は好き！）	絶対音感での高レベル 即興解説チャンネル （これが私の音楽人生！）
コンテンツ 特徴	**遭遇型・単発（フロー）・ 瞬速**消費	**遭遇型・単発（フロー）・ 瞬速**消費	**計画型・定番（ストック）・ 長尺**消費
受信者 視点	公式ではない プライベートで独特な 表現による 意外な文脈やストーリー	外面的に見栄えする プライベートの 魅惑的な感性	特癖にドストライクな プライベートの癖の強い ○○人生という 定番コンテンツ
KOL	デジ友ハイセンサー 中心 【**K**ey **O**taku **L**eader】	リア友ハイセンサー 中心 【**K**ey **O**pen **L**eader】	カテゴリインフル エンサー中心 【**K**ey **O**pinion **L**eader】

創出、コンテンツに共感が生まれ拡散する。萌えるコンテンツとは、「このやり方に気づいたの、私だけ？」という意外な文脈＝テキストの発信であり、ユニークな表現に対する共感「文脈萌え」で広がっていくコンテンツだ。例えば、インスタント

麺はお湯を入れて 3 分より 10 分待ったほうがおいしいという発信（＝「この食べ方、私だけ？」）などである。

次に「映え」は、「外面的に見栄えする被写体の美しさで魅了すること」とした。プライベート情報の発信者は、色彩、コントラスト、ライティング、構図、背景を自らのセンスで選択することで映えを創出、拡散する。映えるコンテンツとは、「この人の感性、このブランドの感性が私は好き！」と自分を魅了する感性＝フォト・ムービーの発信であり、発信者のセンスに対する「共感映え」で広がっていくコンテンツだ。例えば、ファストファッションなのにラグジュアリーに高見えするコーディネートの発信に、「このコーデ、私は好き！」と共感するケースなどだ。

そして「癒え」は、「アットホームな心の安定を助けリラックスできるように心和ませること」とした。プライベート情報の発信者は、情報接触した人が心理的につい惹かれてしまうその人の嗜好の特癖（人それぞれに異なる趣味嗜好のフェチ）を定番フォーマットでくすぐることで癒えを創出、コンテンツに共感が生まれ拡散する。癒えるコンテンツとは、「これが私の〇〇な考え、〇〇なスタイル」という癖になる特徴的な個性＝フォーマットの発信であり、受信者のフェチを射抜いた共感「嗜好癒え」で広がっていくコンテンツだ。例えば、絶対音感を持ち高レベルな即興解説をする音楽解説チャンネルからは「これが私の音楽人生！」という個性が発信されている。

萌え、映え、癒えの 3 大コンテンツには、それぞれ異なる特徴がある。文脈萌えと共感映えは、目的のない回遊時に出会う遭遇型の単発コンテンツが中心で、瞬間的に消費されることが多い。また文脈萌えは X（旧 Twitter）のテキスト文化で、共感映えは Instagram や TikTok のフォト・ムービー文化で起

こりやすい。一方で嗜好癒えは、定番お約束のフォーマットコンテンツが中心で、長尺でも消費される。YouTube のチャンネル登録やフォローなど、特定視聴者層を囲い込んだ定期配信のチャンネル文化で起こりやすい。

　そして「創発され自走するプライベート情報設計」においては、もうひとつ重要な視点がある。それは新価値観が広まっていく、3 つの KOL による情報リレーの順番だ。第 3 章で紹介したコミュニティ普及理論では、3 つの KOL が新価値観の情報リレーをしていくメカニズムを説明した。企業は発信したい新しい価値観を、企業発のパブリック情報としてカテゴリインフルエンサーを通じて発信。情報感度の高いリア友ハイセンサーが実感フィルターとして機能し、彼らにより吟味された実感として A 面プライベート情報が仲間内界隈に拡散。さらに全く違う文脈の B 面プライベート情報がブランドと縁遠いオタク趣味コミュニティ内にデジ友ハイセンサー経由で広まる。

　つまり、カテゴリインフルエンサーからリア友ハイセンサーへ、リア友ハイセンサーからデジ友ハイセンサーへと情報リレーされていく。この情報リレーの順番が重要になるのだ。プライベート情報を創発し拡散するのは、カテゴリインフルエンサーではなく「リア友ハイセンサー」である。そしてリア友ハイセンサーは Instagram や TikTok 中心に「共感映え」する A 面プライベート情報を発信することで共感を集めるのだ。

　このことから、プライベート情報の創発においては「**リア友ハイセンサーの共感映えが起きやすい情報設計**」が重要だといえるだろう。また、プライベート情報が自走していく際に、リア友ハイセンサーの中で重複してデジ友ハイセンサーでもある、「リアデジハイセンサー」による B 面プライベート情報の発信も欠かせない。彼らリアデジハイセンサーは X 中心に趣

味コミュニティに合った B 面プライベート情報の文脈に情報変換することで、「文脈萌え」する発信で共感を集める。プライベート情報の自走においては「**デジ友ハイセンサーの文脈萌えが起きやすい情報設計**」も必要となる。このように、「共感映え」の後に「文脈萌え」という順番で新しい価値観はプライベート情報として自走していく。プライベート情報が中心を占めるモバイルコンテンツ時代においては、［映え in 萌え out］思考のプロダクト設計、サービス設計が必要であり、そのポイントは以下の通りだ。

［映え in 萌え out］思考
①映え：見た目が超重要
②萌え：新しい価値の文脈として広がる隠れた魅力の設計が必要
③リア友ハイセンサーがパブリック情報をプライベート情報に
　変換する
④リア友ハイセンサー➡デジ友ハイセンサーの順番を意識
⑤共感映え（Instagram・TikTok）➡文脈萌え（X）の順番を意識
見た目で惹き、使用後に気づく意外な魅力を用意

　このように新しい価値観はパブリック情報ではなく、プライベート情報としてモバイルコンテンツ情報の海の中を自走していく。コロナの世界的大流行が記憶に新しいが、感染にはその広がり方に段階がある。最初の 1 人の発症がアウトブレイク、特定のコミュニティに拡大するのがエピデミック、そして社会全体に広がるのがパンデミックである。
　同様に、SNS の普及により、1 人の発信が価値観のアウトブレイクを引き起こし、それがコミュニティ単位で広がるエピデミックとなり、やがてソサイエティ全体に大流行し、パンデ

ミックとして爆発的に広がる。このように、スマホを中心に新しい価値観が感染爆発のように広がる事象を、「モバイルパンデミック」と命名する。プライベートな情報がリア友ハイセンサーからコミュニティに拡散し、さらには社会全体に広がる、まさにモバイルパンデミック時代の到来である。

「モバイる」日々のプライベート情報の発信から、新たなパンデミックが自走していく時代に、ボウリングのストライクのようにコミュニティ単位で広がっていく偶発購買のヒット商品を、どのように生み出せばいいのか。今度はモバイルパンデミック時代に新しい価値が自走するプロダクト開発の本質探しの旅に出かけよう。

2 FMCGにおける「偶発購買」と「映え」の重要性

　モバイルパンデミック時代の日用品開発では「映え」、つまりパッケージの見た目が非常に重要であり、その上で「実はこうだったのだ」という隠れた魅力、「文脈萌え」のファクトが伴うプロダクト設計を目指したい。ここで、ハンドクリームの購入ブランドの選び方に関する電通独自調査データ（PDM Tunes 2023 Spring）（**図 5-2**）を紹介する。

　まず、「その商品は使用していない」というカテゴリ未使用が 27.2％であった。カテゴリ未使用を除いた残りの 6 つの選択肢は次の通りである。「事前にネット等で検索し、しっかり情報収集した上で選ぶ」計画購買が 16.3％、「事前に情報収集はあまりしないが、店頭（EC サイト含む）で、パッケージや説明書きをしっかり読む／比較検討した上で選ぶ」が 20.4％、

図5-2 ハンドクリームにおける偶発購買起点と「映え」の重要性

ハンドクリームのブランド選択においては、**偶発購買**が**計画購買**の3倍程度あり
その中でもパッケージなどの「**見た目=映え**」が重要

ハンドクリームにおける購入ブランド・商品の選び方について最もあてはまるもの

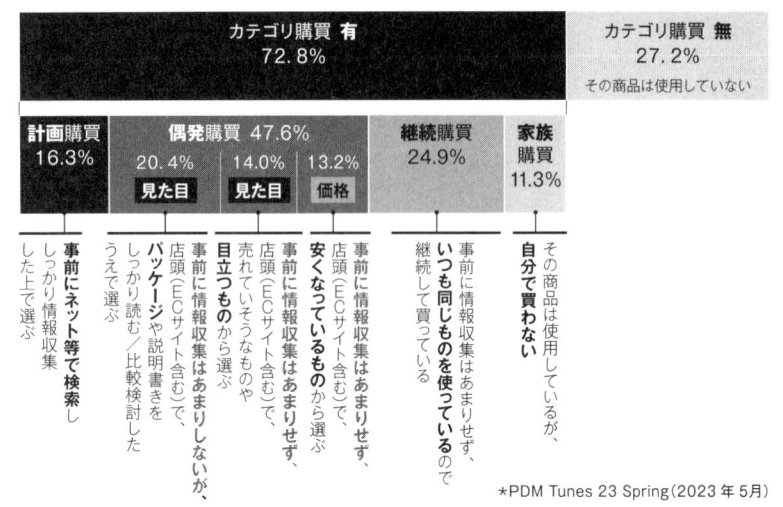

*PDM Tunes 23 Spring（2023年5月）

「事前に情報収集はあまりせず、店頭（ECサイト含む）で、売れていそうなものや目立つものから選ぶ」が14.0%、「事前に情報収集はあまりせず、店頭（ECサイト含む）で、安くなっているものから選ぶ」が13.2%で、これら3つの偶発購買は合計47.6%であった。さらに、「事前に情報収集はあまりせず、いつも同じものを使っているので継続して買っている」という継続購買が24.9%、最後に「その商品は使用しているが、自分で買わない」という家族購買が11.3%であった。

　事前に情報収集する計画購買に対し、事前に情報収集しない偶発購買のボリュームは約3倍に上る。注目すべきは、偶発購買の中で「価格」で選ぶ以上に、店頭でパッケージを参照

したり、売れていそうで目立つという「見た目」を重視する人が多いという点である。[映え in 萌え out]思考のプロダクト設計では、偶発購買において見た目を重視するユーザーの目を惹きつけておき、瞬間的にテキスト情報から隠れた魅力を伝えて文脈萌えを起こすことで衝動買いを促すのだ。

3 新価値自走型プロダクト開発

　偶発起点で購入した商品が、リア友ハイセンサーの共感を獲得し、彼らの実感信用フィルターを通過したプライベート情報としてコミュニティ内で世論を形成し、別のコミュニティにリレーされていく。こうした商品を開発し世の中に普及させていくことを、「新価値自走型プロダクト開発」と定義したい。では、その開発には、どんな設計が必要になるのだろうか。それは、次の3つである。

　1つ目の設計は「商品価値設計」である。偶発購買においては、一目惚れしやすい「見た目」の映えが重要だということは、先ほどのハンドクリームの事例からも明らかである。こうした共感映えする「商品価値設計」が重要となる。

　2つ目の設計は「情報価値設計」である。例えば同じ高級ワインでも、何も知らされずに飲むと、自分の味覚だけで判断するしかないが、産地や特徴などを事前に知った上で口にすると、おいしいと判断する人が急増する。脳で感じて文脈萌えする、こうした「情報価値設計」が必要となる。

　3つ目の設計は「情報導線設計」である。同じ情報価値を届ける場合でも、どのような場面、タイミングで届けるのかで偶

然の出会いをした際の反応は異なる。偶発購買デザインでは、買物衝動が起こりやすい定番の場面やタイミングといった「情報導線設計」が必要となる。

このように新価値自走型プロダクト開発では、「商品よし」「情報よし」「接点よし」の三方よしを設計することが重要となる。新価値自走型プロダクト開発は、**[「映え」in「萌え」経由「偶発」out]** の設計といえるだろう。

「新価値自走型プロダクト開発」の三方よし設計

①一目惚れしやすい見た目で、共感映えする「商品価値設計」
②隠された魅力を脳で感じて、文脈萌えする「情報価値設計」
③買物衝動が起きやすいタイミングを捉える「情報導線設計」

4 偶発購買設計フレーム「CRISP」

三方よし設計の2つ目に当たる、文脈萌えする「情報価値設計」のフレームワークをここで提唱したい。

汎用性（Coordinability）、実感力（Realizability）、明快性（Intelligibility）、予兆感（Signality）、価値観（Philosophy）の5つの評価視点で、文脈萌えする偶発購買設計フレームワークである。

これら5つの英語の頭文字をつなげた「CRISP」を評価視点として、プロダクト開発やサービス開発を図っていく（CRISPは英語でスナック菓子のようなパリパリ感を表す）。

文脈萌えする偶発購買設計フレーム「CRISP」
［汎用性 Coordinability］発信センスが発揮できる余白の設計
［実感力 Realizability］体験が人から人へ伝播する実感の設計
［明快性 Intelligibility］簡単でわかりやすい価値の規定
［予兆感 Signality］半歩先の時代を感じる印象の設計
［価値観 Philosophy］社会的に共感できる思想の設定

　例えばシャンプー「YOLU」であれば、偶発購買設計の評価視点を**図5-3**のように説明できる。

図5-3 文脈萌えをする偶発購買設計フレーム「CRISP」

共感映えする見た目と文脈萌えする意外な魅力を意識しつつ、
5つの評価視点で自走する情報価値を設計する

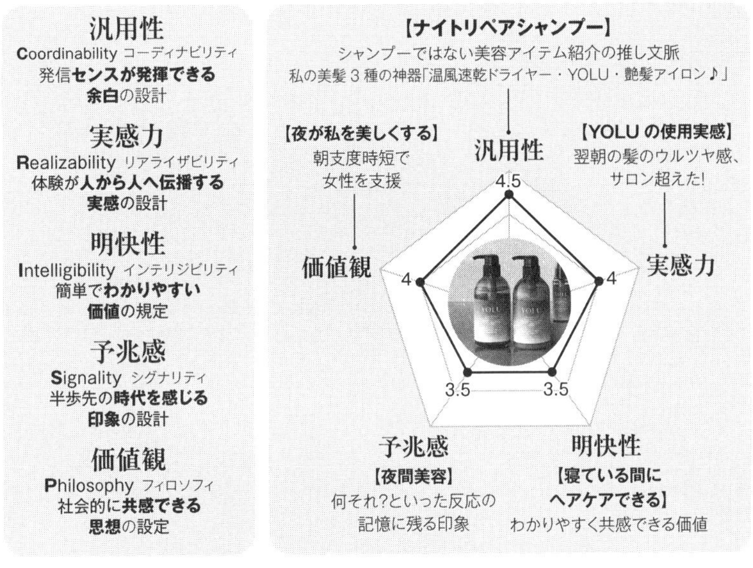

汎用性
Coordinability コーディナビリティ
発信センスが発揮できる
余白の設計

実感力
Realizability リアライザビリティ
体験が**人から人へ伝播する**
実感の設計

明快性
Intelligibility インテリジビリティ
簡単で**わかりやすい**
価値の規定

予兆感
Signality シグナリティ
半歩先の**時代を感じる**
印象の設計

価値観
Philosophy フィロソフィ
社会的に**共感できる**
思想の設定

【ナイトリペアシャンプー】
シャンプーではない美容アイテム紹介の推し文脈
私の美髪3種の神器「温風速乾ドライヤー・YOLU・艶髪アイロン♪」

【夜が私を美しくする】
朝支度時短で
女性を支援

【YOLU の使用実感】
翌朝の髪のウルツヤ感、
サロン超えた!

汎用性 4.5

価値観 4

実感力 4

予兆感 3.5 3.5 明快性

【夜間美容】
何それ?といった反応の
記憶に残る印象

【寝ている間に
ヘアケアできる】
わかりやすく共感できる価値

1. 汎用性（Coordinability コーディナビリティ）

「夜間美容」という YOLU の価値規定は、シャンプーではない美容アイテムとして情報発信の幅を持たせることができる。美容アイテム紹介の推し文脈で、私の美髪 3 種の神器「温風速乾ドライヤー、YOLU、艶髪アイロン♪」といった広がりが期待できるだろう。また「ナイトリペアシャンプー」という価値規定も同様にコーディナビリティを広げているといえるだろう。このように、リア友ハイセンサーが［共有］したくなる情報設計視点として、発信センスが発揮しやすい余白の設計がコーディナビリティの視点である。

2. 実感力（Realizability リアライザビリティ）

「夜間美容」というコンセプトに対して実際使用してみた時に、翌朝の髪のウルツヤ感が満足いかないものであればリア友ハイセンサーが仲間内におすすめすることはしない。彼らの実感フィルターを通過できるクオリティの使用実感が求められる。このように、リア友ハイセンサーが［高揚］する実感の情報設計視点として、体験が人から人へ伝播しやすい実感の情報設計がリアライザビリティの視点である。

3. 明快性（Intelligibility インテリジビリティ）

「寝ている間にヘアケアできる」という価値はわかりやすい。価値規定が明確になることで、リア友ハイセンサーから発話されるプライベート情報は、プロダクトの提供価値である「夜間美容」「ナイトリペアシャンプー」「寝ている間にヘアケアできる」というコアバリューが連想されるものが多くなるはずだ。つまり、インテリジビリティの高い情報価値を設計することで、企業側が発信したいパブリック情報と近しい内容の A 面プラ

イベート情報量をコントロールすることができる。

さらに、すぐわかる明解な情報価値提供は、こうしたＡ面プライベート情報に［遭遇］するレイトコミュニティの反応も変える。このように、リア友ハイセンサーのＡ面プライベート情報量と、レイトコミュニティの遭遇時の反応を高める情報設計視点として、簡単でわかりやすい提供価値の情報設計がインテリジビリティの視点である。

4. 予兆感（Signality シグナリティ）

プライベート情報は極端に振れた癖の強い情報が消費され、コミュニティ内では過激で先鋭的な情報ほど選好されやすい傾向がある。そうした状況で、「夜間美容」「ナイトリペアシャンプー」「寝ている間にヘアケアできる」といった今までになかった価値の提唱が、時代の半歩先を行っている感じを受ければ、トレンドを仲間内に発信したいリア友ハイセンサーは積極的に関わる。このように、リア友ハイセンサーが［受容］してみたくなる印象の情報設計視点として、半歩先の時代を感じる印象の情報設計がシグナリティの視点である。

5. 価値観（Philosophy フィロソフィ）

ブランドのフィロソフィは公式ホームページのトップビューにおいて、シンプルなコピーで宣言されつつ、具体的なストーリーや背景、世界観と共に語られることが多い。例えば「夜が私を美しく」という情報発信。YOLU のユーザーは、翌朝の髪の指通りがサロン超えしているなら、忙しい朝の支度時間を時短することができる。つまり、朝の支度時短を通した女性の支援と捉えることができるはずだ。

「夜が私を美しく」という情報価値には、髪ツヤの外面的な美

しさだけでなく、女性が内面的にも充実することを応援している
とも捉えられる。［遭遇］時にブランドへの共感で魅せられ
る思想の設計、思わず［受容］したくなる美しいブランド思想
の設計、ブランドへの帰属意識が湧いてくる［高揚］する思想
の設計、知人に話しても恥ずかしくない［共有］できる思想の
設計。これらの社会的に共感できる、偶発購買 SEAMS が自
走して好転していく思想の情報設計がフィロソフィの視点であ
る。

　以上が、偶発購買設計フレーム「CRISP」である。

5 買物衝動が起きやすい タイミングを捉える「情報導線設計」

　三方よし設計の３つ目に当たる「情報導線設計」について
も考えていく。第４章の**図4-6**では、計画起点と偶発起点の
購買を整理した。計画起点における TV ➡店頭横断型のフィジ
カル計画購買 AIDMA と、TV ➡ EC 横断型の AISAS では、
TVCM が情報導線の起点となっている。「みんなが知っている
から気になる」、認知→興味の起点だ。偶発起点の購買「フィ
ジカル偶発購買」と「デジタル偶発購買」を考えると、デジタ
ル偶発購買における情報導線設計は、第３章で詳述した３つ
の KOL リレーによって起こるコミュニティ普及理論が、情報
導線設計の羅針盤になるはずだ。
　では、特定商品を買うつもりのない来店回遊から始まる「フィ
ジカル偶発購買」における情報導線設計についてはどうか。リ
テールメディアは昨今注目を集めているが、計画購買における

TVCM のようにフィジカル偶発購買を活性化するキラーソリューションにはなりきれていない。リテールメディア単体ではなく生活者接点全体で考えることが重要であるという前提がありつつ、リテールメディアはどのような進化を遂げれば、偶発購買を活性化する定番の入り口になりえるのか。そこには、「タイミング」「買物衝動」「習慣性」の 3 つの要素が必要不可欠だと考える。

①タイミングを捉える「情報導線設計」

　フィジカル店舗での買物においては、「会計」タイミングで起動する決済アプリは普及が進んでいるが、そのタイミングで情報接触しても、既に何を買うかは決まってしまっている。フィジカル店舗における買物のタイミングで最も重要なのは「入店」を捉えることだ。特定商品を買うつもりのない来店回遊の入店時に、これまで知らなかった新商品と遭遇できること。さらに、カテゴリ購買をしている人にだけメッセージを届けるタイミングとして「棚前」を捉えることは重要になるはずだ。この「入店」と「棚前」のタイミングを捉えたリテールメディアの進化が、問われるようになるだろう。

②買物衝動をつくる「情報導線設計」

「入店」や特定カテゴリを求める「棚前」のタイミングで、これまで知らなかった新商品に遭遇して好きになる。その際、ダメ押しとして何があれば買物衝動の背中を押して購入に至れるのか。例えば、「対象店舗で企業 A の商品を〇〇 Pay でお買い上げなら最大 40％分の〇〇 Pay ボーナスが戻ってくる！〇月〇日まで」といったデジタル販促が考えられる。その商品を買ってみようとトライアル喚起する要素として最も重要なの

は、キャッシュバックやクーポンを渡すことだ。そして、その
デジタル販促は「期間限定」であることが望ましい。

例えば、1週間と定められた期間内なら来店するたびに何度
でもクーポンがもらえるようにすれば、リア友ハイセンサー自
身が何回も試せる上、「〇月〇日まで、セブン-イレブンで必
ずクーポンがもらえてお試し価格で買える！」とコミュニティ
に発信する余白を提供することができる。さらに〇月〇日とい
う具体的な締切があるからこそ、買物衝動がつくられるのだ。

③習慣性をつくる「情報導線設計」

来店回遊時に、何も考えず習慣的に行動する定番の何かをつ
くる必要がある。それがきっかけで生まれる遭遇から偶発購買
が起きる情報導線設計だ。例えば、カルディではコーヒーを無
料で配布している。入店時の無料コーヒーがきっかけで、何も
買う予定がなかった来店回遊が始まり、コーヒーを飲み終わる
までの時間に目新しい商品との遭遇が起こる。ではどんな「習
慣化しやすい定番フォーマットの体験」を提供すればいいのだ
ろうか？

1つの方向性として「ゲーム」的な要素を用いるやり方が考
えられる。例えば「〇月〇日まで、セブン-イレブンで必ずも
らえるお試しクーポン」が、毎日1回運試しでクーポン金額
が変わるといったゲーム性を持つとどうなるだろうか。昨日は
20円引きクーポン、今日は半額クーポンといった具合にクー
ポン金額が変わることで、偶発購買が起こりやすくなるだろう。

ここに取り上げたような「タイミング」「買物衝動」「習慣性」
の3つの要素をすべて兼ね備えたリテールメディアがあれば、
計画購買における TVCM のようにフィジカル偶発購買を活性
化するダメ押しソリューションとなりうるだろう。全く知らな

い商品と偶発的に出会って好きになる。知る人ぞ知る商品は、情報発信価値が高いので拡散しやすい。顧客期待が高まっていない状態で商品を買うと、購入満足度が高まりやすくロイヤル化しやすい。フィジカル偶発購買からヒット商品をつくるリテールメディアの定番フォーマットの登場が待ち望まれる。

　このように、新価値自走型プロダクト開発は、「商品よし」「情報よし」「接点よし」を、「映え」in「萌え」経由「偶発」outの設計で実現することが重要となる。
①**一目惚れしやすい見た目で、共感映えする「商品価値設計」**
②**隠された魅力を脳で感じて、文脈萌えする「情報価値設計」**
③**買物衝動が起きやすいタイミングを捉える「情報導線設計」**
の3つの設計がうまくいけば、偶発起点で情報価値が自走しヒット商品が生まれるのだ。

情報回遊時代にフィットした発信でヒット連発
I-neの商品開発の秘密

　2023年のドラッグストアヘアケア市場企業別シェア1位*
を達成したI-ne。シャンプーカテゴリにおいて主力ブランド
のBOTANISTに加え、ナイトケアビューティーブランド
YOLUもヒットさせ、驚異的な確率で大ヒットブランドを連
発しているが、その秘訣は何か。情報回遊時代におけるヒット
商品の開発思想のヒントを探るべく、同社ビューティーケア事
業本部 本部長の大菅研登氏に話を聞いた。

*2023年1〜12月のドラッグストア市場における単体企業別のシャンプー・
　リンスカテゴリ販売金額より（I-ne調べ）

商品開発における「IPTOS」フレームワークの重要性

　大菅氏によれば、I-neには商品を開発して販売を行ってい
くための「IPTOS」という独自フレームワークのブランドマ
ネジメントシステムがある。「Idea・Plan・Test・Online/
Offline・Scale」の頭文字の総称で、[Idea]アイデアの創出
→[Plan]アイデアの計画と設計→[Test]テスト販売を行い、
消費者の反応を確認→[Online/Offline]商品のオンライン展
開→[Scale]成功した場合販売を拡大、という流れで商品を
開発して販売を行っていく。

　各種アイデアにはゲートを設定し、消費者調査の実施を挟む。
「コンセプトやパッケージも含めたアテンションシール（パッ
ケージに貼りつけるPOPシール）のデザインを検討したあとテス
ト販売を行い、売れ行きが良好であればさらに販売する」とい
う考え方だ。また「アイデアはブランドチームから出す場合と
社内のアイデアコンテストから採用する場合の2種類がある。

主力ブランドの「BOTANIST」

ブランドチームのアイデアは、消費者ニーズやインサイトなどから数十〜百案程度出し、そこからブラッシュアップした案をテストにかけている。アイデアコンテストは、全社員から募集を行っている」という。

商品開発におけるアイデアの判断基準

I-neでは、多数出たアイデアを複数の要素から絞っているが、CRISPモデルとの類似点は多いと大菅氏は言う。「CRISPのC（汎用性）は、新しい市場が広がるほど他カテゴリにも広がるかという点で拡張性に似ている」「P（価値観）は、ブランド立ち上げ時からアートディレクターと一緒に考えてきたブランドパーパスへの昇華と同じで大切な視点」だと述べる。また、「R（実感力）は、社内評価だけでなく消費者調査の評価がすぐ実感できる体制としてI-ne社の約200のOEMネットワークと協力して開発実現性を確認している」という。さらに「S（予兆感）は、I-neでは半歩先のコンセプトと表現し、トレンド感度の

高い層にとどまらず美容フォロワー層まで受容されそうかを、3・4年先の未来ではなく直近1年で競えるかというところまで評価している」という。

CRISPにはない判断基準の市場規模については、既存カテゴリなら「ファクトの定量と定性の両方から考え、カテゴリの市場規模のデータをベースにシャンプーなら2,000億円、アウトバスなら700億ぐらいの売上が取れる」といった予測を立て、新規カテゴリの場合は「市場規模を予測したり、併売先や取り扱いしてくれるバイヤーさんを探すなど、データと定性を掛け合わせて決めていく」という。例えば、YOLUの「ナイトリペアシャンプー」という新規カテゴリの市場規模の判断は、「他業界の事例で夜間美容トレンドの文脈でどこまで販売が伸びるかという観点を調べた上で予想した」という。

ブランドパーパスとソーシャルプロダクトへの取り組み

I-neが掲げる「ブランドパーパス」は、単なるマーケティング戦略にとどまらず、消費者と社会に対する強い使命感の表れである。その理念は「We are Social Beauty Innovators for Chain of Happiness」（美しく革新的な方法で幸せの連鎖が溢れる社会の実現に挑戦し続ける）という同社が掲げるミッションに象徴され、すべてのプロダクト開発において重要な基盤となっている。

大菅氏は、「生活者のニーズを満たして幸せの体験を生み出すプロダクトを作り、同時に社会に良い影響も与えるソーシャルブランドを開発するというマインドを社員全員が持っています」と語る。このマインドセットは、I-neの全社員に浸透しており、すべてのプロダクト開発がブランドパーパスに基づいて進められている。

2021 年に発売した「YOLU」

　例えば、I-ne の代表的なソーシャルプロダクトである YOLU は、単なる夜間用ヘアケア商品ではなく、忙しい現代人の生活に寄り添い、人々の QOL を向上させることを目指している。確かにソーシャルプロダクト的な観点があることによって、多くのユーザーの共感が生まれ、口コミ発生に寄与していることは納得できるところだろう。

社内アートディレクターの協働でブランドパーパスを具現化

　また、YOLU の人気の理由のひとつとしてデザインも欠かせない。夜空を全体に表現したデザインは、「夜間のライフスタイルに寄り添う」というブランドパーパスを直感的に伝えると同時に、購入後もデザインの良さで継続的な満足感を生み続ける。このデザインは、ブランドマネージャーと社内アートディレクターの密接な協力によって生まれた。Instagram や

TikTok では、パッケージデザインの世界観を感じさせる投稿が多くなされている。

大菅氏は、「ブランドのパーパスを開発する時に、社内にアートディレクターがいるからこそ、最初からジョインして、どのような世界観をつくるかを一緒に考えられることが強み」と言う。この協力体制により、商品の核となる部分がしっかりと確立され、ブランドの情熱や熱量が伝わる商品が生まれる。

さらに、この協働は商品が消費者に届くまでのすべてのタッチポイントにおいて、統一されたブランド体験を提供することを可能にしている。店頭、WebLP、CRM など、どの接点においても一貫した世界観が消費者に伝わるよう、I-ne のチームは綿密に計画を立てている。このようにして、I-ne のプロダクトはブランドパーパスに基づいた深い価値を持つ商品として、消費者に届けられている。

セレンディピティとSNS戦略の融合

I-ne の商品開発には、「セレンディピティ」が重要な要素として組み込まれている。セレンディピティとは、偶然の出会いによって得られる喜びや発見のことであり、SEAMS の［遭遇］そのものであるといえるだろう。計画的に商品を選ぶのではなく、思いがけない出会いから生まれる感動を提供することが、I-ne のマーケティング戦略の核心にある。

このセレンディピティを最大限に演出するために、I-ne は SNS を積極的に活用している。例えば、YOLU では、「♯キャンドルナイト」や春限定の「♯夜桜シャンプー」といった季節限定キャンペーンを展開し、SNS 上での自然な拡散を促し、多くの共感を集め情報拡散によるセレンディピティを生んでいる。

大菅氏は、「SNS でのコミュニケーションにおいては、商品

のパフォーマンスが確実に伝わることが重要だ」と述べており、I-ne では、SNS を通じて消費者に商品の魅力を余すことなく伝えるための工夫が凝らされている。

企業文化が支えるI-neの成功

　取材を通じて発見したのは、I-ne の商品開発やブランドコミュニケーションの背後には、強固な企業文化があり、それが成功を支えているということだった。大菅氏は、「全社員が会社の MISSION、VISION、VALUE に共感し、それに基づいて行動することで、強力な商品開発が実現している」と述べており、この文化が I-ne のプロダクトに一貫性と深みを与えている。ソーシャルプロダクトを世の中に生み出し、プロダクトを通じて社会的なソーシャルグッドが実現できる土壌が、企業文化としてしっかりあるので、その企業文化に共鳴する社員のモチベーションが高まる。社員がアイデアで実現したいことと社会をより良くしていくことが両立される企業文化の好循環こそが、I-ne が数多くのヒット商品を生み出し続ける原動力となっていたのだ。

　I-ne のような企業が示す、革新的な商品開発と強い企業文化の融合は、現代のマーケティングにおいて重要な教訓を与えるものであり、今後も注目され続けるだろう。I-ne の挑戦は、消費者との新しい関係を築くための貴重な指針となり、他の企業にとっても学ぶべき点が多いと言える。

セブン–イレブンと考える、リテールメディアの未来

　近年注目度や期待値の高まる「リテールメディア」。セブン - イレブン・ジャパンでは2022年にリテールメディア事業に本格参入し、2,400万人という圧倒的な会員数（2024年8月時点）を誇る公式アプリで広告サービスの提供を行っている。セブン - イレブンが持つ強力なリアル店舗ネットワークとデジタルチャネルの統合により、顧客との接点がどのように進化するのか、また今後ますます増加する偶発購買を踏まえ、リテールメディアに期待される役割は何か。同社 マーケティング本部 デジタルサービス部 兼 リテールメディア推進部で総括マネジャーを務める杉浦克樹氏にインタビューした。

リテールメディアと「ラストワンマイル」の重要性

　杉浦氏は、リテールメディアとして広告主を重要視していると述べる。しかし、そのリテールメディアが商品情報を届けるなど副次的に顧客に価値を提供する可能性もあることから、いずれはセブン - イレブンアプリといったデジタル領域においても、顧客と密接な接点を持つ存在になることを目指していると語った。

　他方で「リアル店舗の強さ」についても触れ、21,000店舗以上のリアル接点がセブン - イレブンの最大の武器であると説明。杉浦氏は1日に2,000万人もの顧客が来店するセブン - イレブンの店舗網の規模が、他の小売業にはない大きな強みであると語る。その強みを背景に、現在全国に広がる店舗を活用

セブン - イレブンのリテールメディアとして機能している「セブン - イレブンアプリ」

した「ラストワンマイル」戦略を推進しているという。

　ラストワンマイルという言葉は、顧客が店舗に来店できない場合でも、商品を手に入れる手段を提供することを指す。これまでセブン - イレブンは深夜営業など、時代に応じて店舗経営の形を変化させながら来店客のニーズを満たしてきたが、今後

はラストワンマイル戦略に力を入れることで、様々な事情で「店舗に行けない人」をも顧客として開拓していくという。

　一方、セブン - イレブンアプリは店舗での買物の際にクーポン特典が利用できたり、キャンペーンに参加できたりと、現状ではリアル店舗に近い位置づけとなっており、また購買に強い特徴がある。一部の店舗に設置している宅配便ロッカーや、マルチコピー機・ATM なども店舗からオンラインサービスにアクセスする手段と捉えれば、オフラインとオンラインがマージされた世界への流れは止まることがない。杉浦氏は「コンビニエンスストアは、当たり前になりすぎて実は気づいていない新たな利用方法がたくさんある。私たちは、それを時代に合わせて磨き続けていく」と語った。

　配達と店舗、そしてデジタル領域まで含めて一体となったオムニチャネル化が進む中で、ある種「インフラ」として機能していると感じるほど、リアルを起点とした役割の拡張が進んでいる。特に地方ではコンビニエンスストアがそのエリアのハブになっており、それが強みになっていると感じた。

エリアマーケティングと新たな販促物の活用

　セブン - イレブンは全国に約 2 万の店舗が広がるからこそ、地域戦略が重要となる。セブン - イレブンは、店舗設計の標準フォーマットを持っているが、立地や地域特性に応じたマーケティングも前提として展開しており、首都圏と地方では店舗の使われ方や商品の品揃えにも違いが出てくる。杉浦氏は店舗のレイアウトや売り場を作る際にも、エリアや店舗ごとのニーズに応じた柔軟な対応を行っていると説明した。商品の品揃えに

ついても、全国で統一されている商品もあれば、地域ごとに異なる商品もあるという。

　セブン - イレブンアプリも、リアル店舗と連携しており、商品情報や販促活動を提供する重要なツールとなっているが、地域性の打ち出しにはまだ改善の余地がある。「セブン - イレブンアプリは、リアル店舗と比較するとまだ地域性を打ち出せていない」と述べつつも、ターゲティングやエリアマーケティングを活用しながら、一部地域で限定的な販促を行っているという。

　店舗では、デジタルサイネージを活用した地域に根差した販促の取り組みも行っている。四国の一部店舗でエリアに合った販促活動や TV とタイアップしたインフォマーシャルを放映、TV との相乗効果を狙った施策を行った例などがある。結果として売上が伸び、有効性が確認されたという。自治体との連携やコラボレーションも進めており、広告配信案件を自治体から受けることもある。デジタルサイネージの可能性も今後開拓の余地は大きいという。

コンビニエンスストアにおける偶発購買と「ハコ作り」の重要性

　偶発購買の誘発力という視点で見ると、セブン - イレブンの持つ最大の強み（誘発要因）は 21,000 店舗という規模と店舗の近接性、そこで「お客様の目の前に商品がある」体験が提供できることに尽きるのではないか、と杉浦氏は語る。一般的にコンビニエンスストアの滞店時間は 3 分未満ともいわれる中で顧客がふと立ち寄ることで目にする商品が偶発的な購買を促進している。店舗の設計については「スーパーのように時間をかけて店を回らなくて済む構造＝ハコ作り」を行っており、そ

れが偶発購買を起こしやすい環境を提供している。

　ただ、"計画購買と偶発購買のバランスが取れた購買体験"がセブン‐イレブンの特徴であることも強調する。例えば、昼食を買いに来たついでに新商品を試してみたり、予期せぬ商品を手に取ってしまうことが多いのがコンビニエンスストアである。「計画的な来店であっても、購入する商品までは事前に具体的に決まっておらず、実際に来店してから商品を決める方も多いと考えている。その分、メーカーにとっては、セブン‐イレブンに商品を置かれることで、偶発購買が起こりやすくなる環境を提供できている」。商品の陳列に加えて、販促物の展開やリテールメディアでの告知など、販促次第で偶発購買につながる可能性はさらに広がるだろう。

　デイリーユースする場所だからこそ、計画購買と偶発購買の双方を取り込むユニークな環境を持つ点は、購買行動を考える上で大いに参考にしたい。

リテールメディアの未来への展望

　今後のリテールメディアの進化について杉浦氏に尋ねると、「お客様に商品の機能を訴求するのに、店舗では圧倒的に時間が足りない」とした上で、デジタル化の進展により店舗がこれまで以上に"メディア"として機能するのではないか、という答えがまず返ってきた。「例えば店舗外や店内サイネージを活用するなど、店舗のメディア化の手段はまだたくさんある。テクノロジーの進化で、さらに手段は広がるはず」と述べ、店舗のデジタルメディアが顧客との重要な接点となる未来像を描いた。

リテールメディアについては、これまで広告主向けの toB サービスとして注目されてきたが、今後は toC 向けのメディアとして進化する可能性があるという。「リテールメディアが toC 向けに進化した時、セブン - イレブンが提供する価値はさらに広がると考えている」と語り、紙媒体からデジタルメディアへの移行が進むことで、販促活動や情報の提供がより効率的に行えるようになると捉えている。

　インタビューを通じて杉浦氏から感じたのは、デジタルツールを駆使しつつも店舗を中核に顧客接点を強化し続ける姿勢だ。「店舗に頻繁に来てくださるお客様の中には、顔馴染みの従業員さんがいて、その従業員さんからのおすすめの一声が購入につながることもある。今後もリアルの店舗がお客様にとってなくてはならない存在であってほしいと考えている」。リアル店舗を重視しながら、デジタル領域との融合は加速させていく考えだ。

「世の中の変化のスピードが速くなった」とよく言われるが、「世の中はどんな時代にも常に変化してきた。今を生きる私たちができることは、変化している事象を一つひとつ紐解くこと。そこから、自分たちがなすべきこと、立てるべき戦略が導かれるのではないか」と杉浦氏。
　セブン - イレブンのリテールメディアは、広告主向けのサービスとしての機能を持ちながら、リアルとデジタルの接点を通じて、顧客体験の向上を目指して進化し続けている。

［SEAMS×新規事業開発］
事業計画時からロイヤル顧客と伴走する
クラウドファンディング
外山遊己

▍新規事業開発の初期顧客獲得にも不可欠な偶発購買

本コラムでは、企業の新規事業開発と「偶発購買」の関係を考察する。

既存事業領域とは異なる新たな製品・サービスのローンチの際には、新たな顧客をどう獲得するか？が非常に重要なテーマとなる。それはすなわち、「偶発購買」の獲得であり、購買行動モデルSEAMSに沿ったアプローチが必要になることを意味する。

そのアプローチの具体的な例として、大企業による新規事業のローンチ・成長に向けた「クラウドファンディング」の活用を取り上げ、クラウドファンディングという手法から見た「偶発購買」と「購買行動モデルSEAMS」について整理したい。

▍消費行動の変化がもたらす、企業の事業拡大・新規事業開発

ここまで論じてきた通り、「偶発購買」台頭の背景には、この20年ほどの間に、これまで例を見ないほどにECチャネルが急激に普及したことと、各種SNSの発展・浸透がある。Z世代に代表されるような生粋のインターネット・SNSネイティブにとっては「SEAMS」は普通の買物行動の1つであり、今後、生活者の購買行動、消費の志向・嗜好はさらに多様化していくことは想像に難くない。

必然的に企業にとっては、伝統的な流通販売チャネル、コミュニケーション手法を続けるだけでは、これまでのような顧客の

獲得、事業成長は難しく、むしろ積極的にその変化に対応しなければマーケティング効率がどんどん低下してしまいかねない。

こうした市場、生活者の変化、さらに日本国内における人口減少による抗いがたい市場縮小に対応するために、多くの大企業が既存事業のブラッシュアップにとどまらず、新たな事業開発や D2C などのチャネル開発を通じて、新規顧客の獲得やサブスク・定期購入などの継続的な顧客獲得・育成に向け、積極的な挑戦を行っている。

新規事業の開発の中でも、特に重要かつ多くの企業が苦労するのが、事業ローンチ時の最初の顧客＝「最初期顧客」の獲得ではないだろうか。特に大企業における新規事業開発では、顕在市場や潜在市場も含め、市場規模が大きい領域・カテゴリがターゲットとなることが多いが、ローンチ時に最初の顧客を獲得できないことには、その後の製品・サービスのブラッシュアップ、さらなる投資による次の顧客獲得という成長・拡大サイクルに乗ることはできない。

個人的な経験・感覚ではあるが、事業だけでなく企業自体からすべてゼロから立ち上げるスタートアップ企業に比べて、大企業の新規事業のほうがこの「ローンチ時の最初の顧客（最初期顧客）獲得」に苦労するケースが多いのではないかと感じる。特に既存の事業の直接の延長線上ではない、これまで経験のない領域での事業では、特にその傾向が顕著になるのではないか。

▌新規事業ローンチの鍵となる「偶発購買」の獲得

新規事業のローンチ時の「最初期顧客」として理想的な顧客は、その商品やサービスを話題にし、ポジティブな評価をフィードバックしてくれる顧客である。企業はそのフィードバックを

商品やサービスの改善の材料としたり、それ自体をコンテンツ化したりすることで、さらなる顧客の獲得に活用する。理想的な「最初期顧客」とは、すなわち、その商品・サービスに共感を示し、かつ実際に購入、話題として拡散・フィードバックをしてくれる熱量の高い顧客である。彼らを獲得できるかどうかが、新規事業のローンチ成否、それを受けての追加投資・さらなる拡大ができるか？に直結する。

　大企業でも、多くの場合、既存事業と領域が異なる新規事業においては、ローンチ時から広告をはじめとした大規模なプロモーション投資を行うことは難しい。できれば、最小コストで小さな成功を積み上げるサイクルを回しながら、徐々に規模を拡大することを目指したい、というのが多数派だろう。その場合、まずは、自分たちの商品・サービスに共感・賛同してくれそうなターゲット層に狙いを定め、最小限のコストで彼らにアプローチを行うことが重要となる。

　これらの活動は、まさにここまで語られてきた「偶発購買」の獲得に他ならない。しかし、既存事業を持つ大企業にとって、この新規事業における偶発購買の獲得は、これまでと異なるマーケティングが求められることが多いため困難が多い部分である。特にSEAMSのE、共感を示してくれるターゲットとの［遭遇 Encounter］をつくることが難しいのではないか。自社販売チャネルを持たないメーカーはもちろん、店舗を持つ製造販売業種、流通業種などでも、もともと非常に多数の商品カテゴリ・種類を扱う店舗もでない限り、これまで販売してきたものとは異なる領域の商品・サービスを既存店舗や棚で売ることは簡単ではないだろう。

　そこでメーカーなどが採用することが多い事業形態が、D2C型のECを活用して商品・サービスの説明・販売をする

ビジネスモデルである。その場合、まずはマスニッチになるべく、オンラインで一定の売上を上げること目指す。具体的にはSNSでの［遭遇］、そこからの注目・話題化を目指すことになる。

しかし、ほとんどの業種、多くの企業において、自社のSNSアカウントに多くのアクティブな登録者・フォロワーを抱えることができているケースは非常に稀である。流通小売業種やコンテンツ系の業種、一部のファッション業種を除けば、SNSを駆使するネットアクティブ層やSNSネイティブ層のインフルエンサーと自社のSNSアカウントで［遭遇］できるケースはないだろう。また、仮に多くの登録者数やフォロワーがいたとしても、それはあくまでも既存の製品・サービスのファンであり、新事業の製品・サービスに共感をしてくれる顧客とは限らない。この新事業のローンチ時における、理想の「最初期顧客」との［遭遇］を生み出し、偶発購買につなげる仕組みのひとつとして、昨今、大企業がクラウドファンディングを積極的に活用するようになってきている。

▌偶発購買獲得における「クラウドファンディング」サービス

クラウドファンディング、別名ソーシャルレンディングとは、企画者が主体となって多数の人から少額の出資を募り、その資金によって自身の企画を実行する資金調達の仕組みである。近年では、このクラウドファンディングの仕組みをインターネット上で実行するようになったため、手軽により多数の人から出資を募集できるようになった。その結果、クラウドファンディングの募集を掲載するためのオンラインサイトをはじめ、関連する様々なサービスを提供するクラウドファンディングのプラットフォームが多数生まれており、それに伴って、クラウド

ファンディングの募集自体も急速に増えている。特によく見られるジャンルとしては「食品や飲食店」や「まちづくり・地域活性化」、ガジェット系と呼ばれる「これまでになかった新規性のある製品／少しマニアックなこだわりを持ったプロダクトの開発・販売」が多いようである。

　オンラインのプラットフォーム上で見られる一般的なクラウドファンディングは、およそ下記のような共通の流れとなっている（**図5-4**）。

- 個人や法人が「実行者」となって、自身が企画した商品やサービス、体験などを開発。提供するための資金提供・寄付を募集する「プロジェクト」を立ち上げる。
- その商品やサービス、体験に興味を持ったり、欲しい・買いたいと思ったりした不特定多数の個人や団体が「支援者」となり、購入や寄付、出資といった様々な形態で「支援金」を提供する。
- 集まった支援金があらかじめ設定された目標額に達する、も

図 5-4　一般的なクラウドファンディングの仕組み

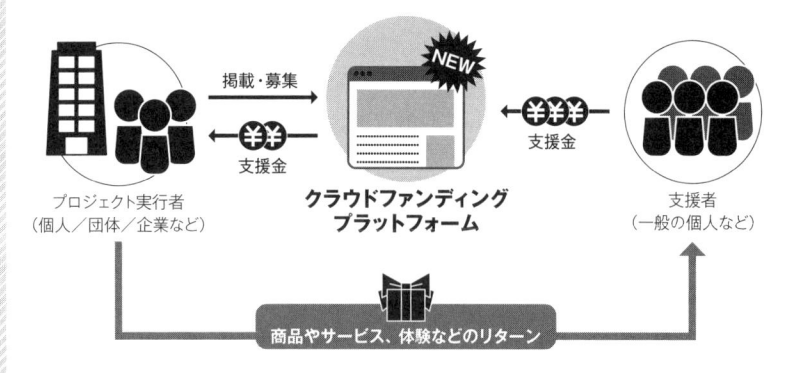

掲載・募集

支援金

支援金

プロジェクト実行者
（個人／団体／企業など）

**クラウドファンディング
プラットフォーム**

支援者
（一般の個人など）

商品やサービス、体験などのリターン

しくはそれを上回った場合、実行者は事前の条件提示に従ってプロジェクトを実行し、支援者に対して経緯や結果の報告、商品やサービスといった「リターン」を提供する（純粋な寄付型のプロジェクトの場合は必ずしもリターンがあるとは限らない）。

日本の代表的なプラットフォーマーとしては「CAMPFIRE（キャンプファイヤー）」や「Makuake（マクアケ）」などが大手として知られる。これら大手のプラットフォームは個人や自治体、スタートアップ企業だけでなく、大企業の新規事業のトライアルやローンチにも活用されている。

クラウドファンディングが個人や自治体に限らず、スタートアップ企業や大企業にも活用される理由として、偶発購買の獲得や新規事業のローンチと相性の良い、3つの機能・特徴があるのではないか。

①イノベーター気質を持つ多くの会員を抱えたコミュニティ機能

②実行者・起案者の背景や想いを伝えるメディア機能

③購入・支援後も実行者・起案者と支援者をつなげるプラットフォーム機能

以下、この3つの機能・特徴について考察する。

①イノベーター気質を持つ多くの会員を抱えたコミュニティ機能

クラウドファンディングのサービスを提供する大手プラットフォーマーは、数十万〜数百万人の登録会員を抱えている。各プラットフォーマーによって多少仕組みは異なるが、会員は、例えば「ガジェット」「ファッション」「アウトドア」などといった様々なジャンル名やキーワードの中から、自分の興味のある

ものを登録しておくことで、該当するプロジェクトが登録・開始される際に、メールマガジンやアプリ通知を受け取ることができる。プラットフォーマーを活用することで、その大規模な会員の中から、自社の既存顧客にはいないような顧客層——様々な年代や新事業の商品やサービス領域に興味を持っている層にアプローチできる。

　さらに、クラウドファンディングでは「既存にはない新しいサービスや今までになかった挑戦的な商品、他では買うことのできない体験」を提供するプロジェクトが支援を募ることが多い。結果的に、登録会員には新しいモノ好きで情報感度が高いイノベーターやアーリーアダプター気質のユーザーが多く集まる。大企業にとっても、当該カテゴリに興味を持つインフルエンサーや潜在ファン層に高確率で［遭遇］することができる場になっている。

②実行者・起案者の背景や想いを伝えるメディア機能

　クラウドファンディングのサイトは、15 〜 30 秒の一般的な TVCM やバナー広告のような通常のウェブ広告よりも、より多くの情報をターゲットに伝えることができる。各プロジェクトページには、以下の要素が共通してストーリーとして掲載されている。

・商品・サービスの紹介（USP やこだわりポイント）
・開発・販売に至る背景（社会的・個人的な課題意識と実行者の想い）
・複数の支援メニュー（支援金額別のリターン内容・条件）

　特に、既存の商品やサービスに対する課題感、社会課題に対する実行者の想いが必ずといっていいほど表現されている。クラウドファンディングでは、その商品やサービスの社会的存在

意義や社会的な提供価値（＝パーパス的な文脈）がより重要であり、そのため、雑誌のように読ませる構成・ビジュアルになっていることも多い。

クラウドファンディングがメディア的機能を果たすもうひとつの理由は、Web メディアをはじめとした第三者メディアに注目されていることだ。外部メディアも最新トレンドや個性的な商品・サービスが見つけられる場としてクラウドファンディング・サービスに注目しており、それらに取り上げられることで、SNS でそのプロジェクト、商品・サービスが話題化するケースも見られる。

③購入・支援後も実行者・起案者と支援者をつなげるプラットフォーム機能

クラウドファンディングを活用して最初期顧客を獲得するだけでは、新規事業のローンチ成功とは言い切れない。次のターゲットの獲得に向けた追加投資や続く第 2 弾のプロジェクトの実施などといった成長のサイクルに乗るには、最初のプロジェクトに興味を持ってくれた人、実際に購入・支援をしてくれた顧客との関係構築が必要である。

プロジェクトで接触・獲得した最初期顧客と継続的に相互コミュニケーション行うことでファンになってもらい、リターンの商品・サービスの提供時に彼らが体験した［高揚 Motivation］をユーザーボイスとしてコンテンツ化し発信することで、クラウドファンディングの会員以外の新たな顧客拡大を行うのである。理想的なのは、共感・高揚した最初期顧客の［共有 Share］によって、新たな顧客が獲得できる流れだろう。

さらに、彼らの良いフィードバックを活用するだけでなく、彼らの趣味や嗜好、接触メディアなどを分析したり、プロジェ

クトを支援した理由、商品・サービスの実際の使用シーンや感想をインタビューしたりすることで、クラウドファンディングのプロジェクトにおける訴求の仕方の課題や商品・サービス自体の改善すべき課題、さらなるニーズを明らかにすることができる。

　このように最初期顧客からのフィードバックを通して、新規事業の商品・サービスと相性のいい顧客像を明らかにし、そのジャーニーを精緻化することで、大規模なプロモーション投資などによって本格ローンチする際のマーケティング戦略の確度を高めることができる。また、2回目以降の複数購買・継続購買を獲得するためにも、顧客のファン化・継続的なコミュニケーションは有用である。

　実際のクラウドファンディングのプロジェクトでも、最初のプロジェクトの終了後、それを踏まえて改善・改良された商品・サービスが第2弾、第3弾のプロジェクトとして期間を空けて実行されるケースも多い。クラウドファンディングをテストマーケティングの場とし、支援者やファンからのフィードバックを商品・サービスのブラッシュアップ、顧客のファン化に活用している証だろう。

　ここからは、実際の大企業のクラウドファンディング・サービスの活用事例を紹介する。

▌事例1：アース製薬「新しい虫よけデバイス・コンフォートゾナー（COMFORT ZONER）」

　虫ケア用品や入浴剤などで有名なアース製薬が、大手クラウドファンディング・プラットフォーマー Makuake で 2023 年4月に実施したプロジェクトである。カートリッジ式の虫よけ薬剤を専用デバイスにセットして使うことで、屋外で直径

30秒で虫の気にならない空間に。アース製薬が開発！手のひらサイズの虫ケ

Makuake で実施されたアース製薬のプロジェクトページ

　3m の範囲に 2 時間の間 *、虫が気にならない空間を作り出せる「コンフォートゾナー（COMFORT ZONER）」の開発支援者を募り、同デバイスの提供をリターンとしていた。1 セット 8,850 円〜という虫よけ製品としては決して安くはない支援金設定であったが、プロジェクト開始当日に予定数の 500 個を即完売し、追加販売も行われたほどの大成功を収めた。

　このプロジェクトは、自社の既存事業・商品カテゴリを拡張するタイプの新規事業である。これまでにも、虫よけ製品の市場には蚊取り線香や薬剤を腰に吊るせるような類似商品は存在していた。しかし、この新デバイスははるかにデザイン性が高く、また火を使わない安全性、充電式で繰り返し使える利便性、煙も出ず短時間で効果を発揮する機能性など機能のスマートさが新しい価値となっていた。

　この商品のローンチで重要なのは、これまでとは異なる価値観・ニーズを持つ顧客の獲得だろう。一般的な虫よけ剤は、ドラッグストアやホームセンター、スーパーなどで夏に売り場が

* 風が強い場合など、使用環境により効果は異なる。

作られる。大きな意味で機能の違いが出しにくい市場のため、価格が購買決定要素になりやすい。一方この新デバイスのターゲットは、キャンプやBBQなどのアウトドアを趣味として、アウトドアグッズ・ギアにもこだわる価値観を持った層である。

　メーカーであるアース製薬がこのようなターゲットがいるアウトドアショップに商品を置くのは簡単ではない。また、店頭だけでは、この商品のメリットや機能、使用シーンまでを伝えることはかなり難しいだろう。このような嗜好性の高い商品・サービスにオンラインのクラウドファンディングは最適である。

　また、このデバイスで使用する虫よけの薬剤カートリッジは消耗品である。仮にこの商品・サービスを継続的な事業として採算性・収益を確保していくためには、なるべく早い段階で虫よけ剤を使用する専用デバイスのユーザー数を増やし、カートリッジの継続購買数を一定以上確保することがポイントとなる。実際、アース製薬もプロジェクトの支援者にアンケート調査を実施しており、さらなる商品の改良や、継続購買・サブスク方式のニーズを測るテスト材料としても活用されているのではないだろうか。

▌事例2：シヤチハタ「ペット飼い主向けの新商品」

　朱肉の要らないハンコで有名なシヤチハタが2023年1月にMakuakeで実施したプロジェクトである。子どもの手形と同じようにペットの足形を取ることができる犬・猫専用足形作成キットの応援購入者を募った。特殊なインクとフィルムの組み合わせによって、犬や猫の足をインクで汚すことなく、簡単に足形が取れる点が特徴で、1セット1,900円〜という金額設定であった。こちらのプロジェクトも開始当日に予定金額の

Makuake で実施されたシヤチハタのプロジェクトページ

50万円の支援を達成し、プロジェクト終了時には2,700名以上の支援者を集める大成功を収めている。

このプロジェクトは、自社の既存事業・技術を活かしつつ、これまでの市場・ターゲットとは全く異なるペットオーナーに顧客を拡大するタイプの新規事業である。わかりやすい機能・用途であるが、これまでの自社の既存事業とは全く異なるカテゴリの商品、かつペットオーナーの中でもかなりの熱量・嗜好を持つ層と [遭遇] せねばならない。プロジェクトページでは、商品の特徴や足形を取る時の使い方だけでなく、ペットの誕生日の記念に足形を取るといったシーンの提案や、足形をキーホルダーや写真立てに飾るなどのスタイル提案がふんだんになされており、クラウドファンディングのメディア機能をしっかりと活用して共感する層へアプローチしていたことがわかる。

シヤチハタの場合は、目標金額を50万円という少額に設定していたことからも、クラウドファンディングをテスト販売・共感をしてくれるファン獲得の場として明確に活用しているの

だと予想される。プロジェクトページでも、支援者への活動レポートを積極的に投稿しており、開発の際のプロジェクトの裏話も公開している。シヤチハタにとってこのプロジェクトはクラウドファンディングを活用した3つ目の新商品であり、いずれの商品もその後、自社ECで継続的な販売に至っている。

▌事業ローンチと同時に始まる顧客との関係構築

ここまでクラウドファンディング活用の事例を紹介してきたが、これだけでテストマーケティングや最初期顧客獲得が成功するわけでもないことには留意したい。クラウドファンディングのプラットフォーマー側も、プロジェクト実行者に対して、「SNSをはじめとしたオンラインでの広告、SNSのインフルエンサーの活用がプロジェクトの支援者を獲得する上で重要」として活用を推奨している。

新規事業の成功・成長のためには、第5章本文内で取り上げた偶発購買設計フレームCRISPを活用した新商品・サービス開発に加えて、事業ローンチ段階ではSEAMSに沿ったアプローチを行うことを改めて意識することが有効だ。自社顧客・自社メディア・広告だけでなく、外部のコミュニティやインフルエンサーを活用し、接触後の継続的なコミュニケーション、ファン化を意識したチャネルやコミュニケーション・コンテンツまで事前に準備をしておく、ということである。

おわりに

　最後までお読みいただき、心より感謝申し上げます。本書の執筆を決意したきっかけは、スマホを通じて生じる購買メカニズムの正体が「偶発購買」であると気づいたことでした。認知や興味を喚起しブランディングを行い「計画購買」を生み出すことに注力していたため、「偶発購買」に気づいても、それを「意識的に育む」という考えに至るのは難しかったのです。固定観念や過去の経験にとらわれ、計画購買の枠組みでプランニングすることが常態化していたのだと猛省しました。この経験を言語化し、伝えなければならないという想いで本書を執筆しました。

　2024年9月下旬、TikTokはCM「きっかけが、流れてくる。」を公開しました。スマホでの購買は、情報回遊中に流れてくるきっかけとの遭遇から始まります。歩きスマホが社会問題化するほどのスマホの強い中毒性の本質は、特に目的がない状態でも「とりあえずスマホを立ち上げてしまう」行動の習慣化にあります。この「無目的」に始まるスマホ時間は「情報検索」ではなく「情報回遊」が中心となり、AIによって最適化された「きっかけが流れて」きます。こうした流れの中で、思わず購入したくなる衝動が生まれ、「偶発購買」が発生します。この一連の購買行動モデルを2023年3月にSEAMSモデルとして発表し、多くの企業から反響をいただきました。そして、より実践的な偶発購買のプランニング手法を「偶発購買デザイン」として本書に体系化しました。

マーケティングの領域で考案した購買行動モデル「SEAMS」を社内の専門家たちに共有したところ、驚くべき化学反応が生まれました。SEAMS の視点で各専門領域を再評価することで新たな発見があったことから、各専門家の視点からその詳細を執筆してもらい、本書にコラムとして収録しています。偶発的に生まれる現象はマーケティングだけでなく、人事、スポーツ、新規事業開発、B2B など多岐にわたり、その可能性は無限に広がっていることを、編著者としてこの書籍を編集する経験を通じて実感しました。

　無事に本書を執筆できたのは、多くの方々のご支援のおかげです。電通の鈴木禎久役員には、本書の基盤となる SEAMS に関連する多くの示唆や洞察をいただきました。また、深田欧介役員には、SEAMS モデルをマーケティングの枠を超えてさまざまな専門領域に展開したほうがよいという助言をいただきました。さらに、貝塚康仁局長、篭島俊亮局長、石谷聡史 EPD（エグゼクティブ・プロジェクト・ディレクター）には、本書の内容をプレスリリースで発表するよりも、書籍としてしっかり伝えるべきだというアドバイスをいただき、概念の提唱だけにとどまらず実事例を充実させた書籍にしたほうがよいと、約 2 年にわたり背中を押していただきました。原有璃さんは、執筆には参加されなかったものの、購買行動モデル SEAMS や偶発購買設計フレーム CRISP を共に構想していただきました。株式会社 2100 の国見昭仁さんには、本質に辿り着くまで考え抜く戦略思考の型や、自ら考え抜いた本質から新たなフレームを生み出すことを叩き込んでいただき、そのおかげで、本書に記した本質に辿り着くことができました。宣伝会議の谷口優さんは、本書のテーマに早くから共感いただき、雑誌『宣伝会

議』での執筆機会を与えてくださいました。寄稿した内容に対する谷口さんの鋭い指摘をもとに、私たちはさらに思考を深め、本書を読者にとってより価値あるものにすることができました。

　そして、著者の家族たちにも感謝の意を伝えたいと思います。著者たちの休日を中心とした執筆活動に理解を示し、そして本を書くという挑戦を心から応援してくれた、宮前の妻、長女と次女、松岡の妻、関の妻、本当にありがとうございました。

　最後になりましたが、担当の編集者刀田聡子さんをはじめとする宣伝会議の皆様には本書の出版を支えていただき、心より感謝申し上げます。本書を支援してくださったすべての関係者の皆様に深く御礼申し上げ、さらに、本書を手に取ってくださったすべての読者の皆様へ、最大の感謝をお伝えいたします。

　本書を執筆した誰もが実務家であり、本書に含まれる考え方はすべて実践知から生まれた内容です。本書が、皆様の実務に少しでも貢献できれば幸いです。

著者を代表して　宮前政志

━━━━━ 読者特典データについて ━━━━━

「偶発購買デザイン」を実践で役立てていただけるよう、以下の5点のワークシートを用意しました。購読者限定で無料で利用いただけます。

ご自身の会社や担当されているブランド・サービスなどに当てはめて記入し、お使いいただけるツールになっています（形式はいずれもPowerPointです）。プロジェクトチームや部署を超えてディスカッションを深めるためにご活用いただくのも効果的です。

1. 偶発購買デザインワークシート（第1章に対応）

本書では、主にSEAMSに主眼を置いて顧客行動を解説しましたが、偶発購買デザインは既存の計画購買設計と新たな偶発購買設計の双方を両輪で回すことで完成します。購買体験のみならず、ブランドの世界観や顧客への提供価値、現状の課題、ターゲットなどとともに一覧化することで、マーケティング活動を構造的に把握することが可能です。

2.CB × UB サンドブランドワークシート（第2章に対応）

ブランディングを企業ブランド・ユーザーブランドの両視点から捉えるのがサンドブランド理論の考え方です。具体的なイメージやキーワードまで落とし込むことで、マーケティング活動の全体像がクリアになります。

3. ターゲット像一覧化ワークシート（第2章に対応）

偶発購買デザインを検討する上でソサイエティやコミュニティを可視化していくアプローチは欠かせません。カテゴリーごとに異なる意識を持つことが多く、業種意識や業種における購買重視点を整理することで狙うべきターゲットだけでなく、意外なターゲットインサイトやターゲットの連関が見つかります。

4. ブランドフォーメーションデザインワークシート（第2章に対応）

本書で解説した「どこで誰に何を伝えるか」を一覧化するワークシートです。SNSが重要なコンタクトポイントとなる偶発購買において、プラットフォームごとに整理することで打ち手の対象やイメージを共有しやすくなります。

5. 偶発購買設計フレーム CRISP チェックリスト（第5章に対応）

特に事業や商品を開発する文脈でのチェック項目を用意しました。それぞれ記載の項目に当てはまるかを評価していくことで、事業や商品の評価時点での偶発購買可能性を検討することができます。

ダウンロード方法

下記 URL か QR コードからアクセスし、
質問で指定するワードを入力してください。
本書を読めば回答が可能です。

https://sendenkaigi.com/seams/

本件に関するお問い合わせ：
宣伝会議 書籍編集部
shoseki-henshu@sendenkaigi.co.jp

編著者

購買行動モデル SEAMS ／偶発購買設計フレーム CRISP の開発、
及び本書本編の執筆・編集を担当

宮前 政志 MASASHI MIYAMAE

株式会社電通 データマーケティング局

東京外国語大学フランス語専攻卒、2001 年電通入社。事業開発・サービ
ス拡張、ビジネスモデル研鑽に強みを持ち、金融・家電から FMCG までデー
タマーケティング領域に幅広く従事。特許を有したソリューション開発実績多
数で、流通と顧客接点で新しい体験をつくる「PROMOTAG®」ソリューショ
ン開発などを推進。

松岡 康 YASUSHI MATSUOKA

株式会社電通 データマーケティング局

京都大学建築学科、東京大学大学院建築学専攻修了後、2011 年電通入社。
クリエーティブ局にてコピーライター /CM プランナーとして、大手飲料メー
カーなどの立体的クリエーティブキャンペーンの企画制作に従事。2014 年
Instagram 国内広告事業ローンチパートナーとして、Instagram のブランディ
ング、収益化プロジェクトを牽引。2016 年以降、デジタル領域のプランナー
として大手事業会社のデジタルキャンペーン設計、メディアプランニングに従
事。2019 年以降、事業開発×クリエーティブ分野 / クリエーティブ×デー
タマーケティング分野に広く従事。

関 智一 TOMOKAZU SEKI

株式会社電通 データマーケティング局

早稲田大学社会科学部卒。マーケティング管理研究を専攻。2017 年電通
入社。プランナー / ストラテジストとして、様々な企業のマーケティングに従事。
企業価値規定から新規事業開発、ビッグデータを活用したコミュニケーション・
デザイン、DX まで、幅広くプロジェクトをディレクションする。E コマースグロー
スサービス「ULVA®」の開発や D2C ブランドの運営など、実業視点を持っ
たビジネスデザイン実績多数。

著者 ——————————————————
本書の各章末記事、一部 CASE STUDY 記事を担当

木村 仁昭　MASAAKI KIMURA（第 1 章コラム執筆）
株式会社電通 トランスフォーメーション・プロデュース局
（2024 年 9 月現在、株式会社電通プロモーションプラスへ出向経営中）
東京大学文学部・人文学科・社会学専修過程卒、消費社会理論・ブランド論を専攻。プランナー／ストラテジストとして、様々な企業のマーケティングに従事したのち、製薬・金融・パブリックセクター・通信・エンタメ・自動車・流通小売といった企業群の担当アカウント営業を歴任。その後、BX ／ DX に従事する専門部署において、クライアント駐在なども経験しながら SIer や戦略コンサルタントとの協業を経て、ビジネス共創を推進・実践する過程で、特にリテール・コマース領域における国内外の豊富な知見を有する。

岩邊 駿　SHUN IWANABE（第 2 章コラム執筆）
株式会社電通 第 5 マーケティング局
慶應義塾大学理工学部管理工学科卒。コーポレート部門にて新卒採用や人財育成を担当後、現局。飲料、食品、家電、通信、ファッション、不動産、保険、半導体、BtoB など、様々なクライアントに対して、マーケティング戦略立案、事業開発、HR 領域のコンサルティングに従事。事業やマーケティング戦略の立案から施策の実行まで一気通貫した伴走型支援に強みを持つ。社内横断チーム「採用ブランディングエキスパート」を設立、チームをリード。中小企業診断士。

梅木 俊成　TOSHINARI UMEKI（第 3 章コラム執筆）
株式会社電通 第 8 マーケティング局
広島修道大学法学部卒。B2C における様々な業種の戦略プランニング・購買分析等を担当後、素材、化学、機械、鉄鋼、重工等の製造業や人事、会計、セキュリティ等の SaaS 商材等、300 社以上の国内外 B2B 事業コンサルティングに従事。顧客購買データ分析を起点にオンオフメディア施策や MA/SFA/CDP 等の DX ツールの導入、インサイドセールス、カスタマーサクセス体制等の組織構築支援を行う。電通グループ 13 社横断組織「電通 B2B イニシアティブ」共同代表。

菅原 裕亮 YUSUKE SUGAWARA（第 3 章 CASE STUDY 記事執筆）
株式会社電通プロモーションプラス
デジタルエクスペリエンス事業部 デジタルストラテジー推進 3 部
青山学院大学文学部卒。歴史哲学を専攻。野村不動産を経て入社。入社後は一貫してデジタル起点の販促に従事。新たに設立されたソーシャルメディア・インフルエンサー活用領域の部長に歴代最年少で就任。SNS コンサルタントとして大規模催事から金融や不動産、美容、ファッション業界など幅広いクライアント企業・団体の伴走型コンサルティングを推進中。

林 将宏 MASAHIRO HAYASHI（第 4 章コラム執筆）
株式会社電通 第 5 マーケティング局
京都大学エネルギー科学研究科修了後、野村総合研究所コンサルティング事業本部入社。インフラ関連産業での事業戦略立案、政策形成支援に従事。2014 年電通入社、事業戦略立案から、コミュニケーション戦略立案まで一貫して支援。マーケティングメソッドを事業コンサル領域に活用する People Driven Growth Consulting プロジェクトを推進。特徴ある専門領域はスポーツマーケティング。企業のスポーツを活用した事業戦略やマーケティング戦略立案。リーグやクラブの成長戦略、主要国際大会のマーケティング戦略、アリーナ開発等に従事。

外山 遊己 YUUKI TOYAMA（第 5 章コラム執筆）
株式会社電通 第 5 マーケティング局
青山学院大学文学部卒。広告心理学を専攻。メーカーから流通・小売業、金融やエンターテインメントなどのサービス業まで幅広い業界を担当。新規事業の構想からローンチまでのコンサルティング、ブランド&プロダクト開発支援、マーケティング戦略立案から実施・検証といったトータルな支援を行う。クライアントのパートナーとして、プロジェクトマネジメントや支援チームリードなどの伴走型支援を得意とする。

＊部署名はすべて執筆当時（2024 年 10 月）のものです

偶発購買デザイン
「SNSで衝動買い」は設計できる

発行日	2024年12月13日　初版
編著者	宮前政志、松岡康、関 智一
発行人	東彦弥
発行元	株式会社宣伝会議 〒107-8550 東京都港区南青山3-11-13 TEL. 03-3475-3010（代表） https://www.sendenkaigi.com/
装丁	加藤愛子（オフィスキントン）
図版制作	日向麻梨子（オフィスヒューガ）
DTP	Isshiki
印刷・製本	シナノ書籍印刷株式会社